Brutale Liebe

Nicole Lang

Nicole Lang

Brutale Liebe

In den Armen eines Monsters

Roman
nach einer
wahren Geschichte

DeBehr

Herausgeber: Verlag DeBehr, Radeberg
Erstauflage: 2024
ISBN: 9783987271991
Grafiken erstellt über midjourney.com

Inhalt

Teil 1

Schwanger

„Ich bin schwanger.“ So schnell spürte ich noch nie Peters Faust in meinem Gesicht, wie bei diesem Satz. Er schlägt auf mich ein und boxt mir immer wieder in meinen Bauch. Ich am Boden liegend, er packt mich an meinen langen schwarzen Haaren und schlägt mir meinen Kopf immer wieder auf unseren hellgrauen Granitboden.

„Das wird abgetrieben. Dafür sorge ich!“, so seine brutalen Worte.

Jetzt zieht er mich an den Armen hoch, bis ich auf meinen Knien sitze. Ohne Regung im Gesicht öffnet er seine dunkelblaue Anzugshose, holt seinen hängenden Penis hervor und schiebt ihn mir in den Mund.

Er zieht mich fest an meinen schwarzen Haaren.

Seinen Penis, der immer noch lasch ist, schiebt er mir rein und raus.

Nichts passiert.

Ich hole meine Hand dazu und versuche,

seinen Penis hart zu bekommen.
Jetzt packt er mich fest an meinem Hals.
Er: „Los, mach!“
Meine Angst vor Peter wird immer größer.
Diese erkennt er an meinem Gesicht.
Er: „Los, mach!“
Endlich wird sein Penis hart.
Drei Stöße in meinen Mund und er spritzt.
Einen Schritt zurückgehend packt er seinen, wieder lasch geworden Penis in seine Anzugshose, dreht sich um und geht.
Ich weiß nicht, wohin er verschwindet.
Ich höre nur seinen Wagen aus der Garage fahren.

Der Anfang

Beide sind wir Anfang 20. Peter arbeitet als Angestellter am Schalter meiner Hausbank. Er ist schon ein Hingucker.
Er ist groß, seine blonden Haare stets gepflegt und zum Seitenscheitel geschnitten. Seine sympathische Wesensart lässt ihn hübsch erscheinen. Irgendwie strahlt er eine besondere Liebenswürdigkeit aus. Ich suche immer mehr einen Anlass, um die Bank zu besuchen. Jede Überweisung bringe ich separat hin. So kommen wir langsam ins Gespräch und nähern uns an.
Heute nimmt er sich seinen ganzen Mut zusammen:
„In der Stadt ist ein großes Fest. Gehst du mit mir hin?“
Meine Freude kann ich kaum zügeln. „Gerne“, antworte ich Peter lächelnd.
Und so beginnt unsere Liebesgeschichte.
Fast so schön wie in den Liebesfilmen im TV.

Was mir besonders gut an Peter gefällt, ist seine Zurückhaltung.
Andere junge Männer gehen einige Male mit den Mädchen aus und wollen dann direkt mit ihnen schlafen.
Mein Peter ist nicht so. Und das zieht mich immer mehr zu ihm hin.
Wir küssen uns, und manchmal greift er mir sanft unter meinen Pullover und spielt mit meinen Brüsten. Einmal zieht Peter meinen Pullover hoch, küsst und saugt an meinen Brüsten. Mit seiner Hand meinen Schritt zu berühren, dazu fehlt ihm der Mut.
Mein Gedanke ist, dass er noch nie mit einem Mädchen geschlafen hat. Und so bin ich geduldig.
Mir fehlt auch der Mut, ihm an oder gar in die Hose zu greifen.
Monate gehen vorbei.
Peter ist zuverlässig, höflich und zärtlich. Das ist aber auch alles.
Er schläft nicht mit mir.
Heute nehme ich mir meinen ganzen Mut

zusammen.
In seinem roten Auto, auf dem Parkplatz stehend, knutschen wir, was das Zeug hält. Peter mit seinen Lippen an meinen Brüsten saugend.
„Claudia, sei jetzt mutig.“ So sage ich mir innerlich. Vorsichtig greife ich ihm an die Hose in den Schritt.
Ich spüre nichts!
Noch mutiger öffne ich den Reißverschluss und greife in seine Hose.
Wow, welch ein großer dicker Penis. Doch er ist schlapp. Ich streife meinen Rock hoch, streife meinen roten Slip die Schenkel herunter. Leise hauche ich: „Komm, lass es und tun. Schlaf mit mir.“
Seinen Penis nehme ich wieder in die Hand und reibe ihn.
Nichts passiert.
Immer noch lasch.
Der eigentlich schöne, große, dicke Penis von Peter schlummert. Ich lege meinen Kopf in seinen Schritt und blase ihm einen.

Mein Mund ist prall gefüllt.
Ein Traum.
Jetzt wird er endlich hart. Peter schiebt meinen Kopf zur Seite, besteigt mich in dem kleinen Auto, öffnet meine Schenkel und schiebt mir seinen traumhaften Schwanz in meine feuchte Vagina.
Beim Eindringen – ich – ein lauter Schrei – ein Schrei vor Wollust.
Was für ein Prachtstück von Schwanz ist in mir.
Ein Traum für jede Frau!
Fünf Stöße und Peter spritzt.
Das wars!
Ist Peter aufgeregt? Anscheinend das erste Mal Sex für Peter, weil er so schnell kam.
So dachte ich.
Peter hat mit seinem Traumschwanz in mir die wildesten Fantasien geweckt.
Weitere zwei Mal wollen wir es im Auto treiben.
Gleiches Spiel.
Ewig lange, bis sein Penis hart wird, dann

kaum ein paar Stöße und er spritzt.
Jetzt muss ich mir etwas einfallen lassen.

Mit gefülltem Picknickkorb, Kerzen und Decke fahren wir in der Nacht zum See.
Rotwein packe ich auch dazu. Vielleicht wird Peter dann ein wenig hemmungsloser.
Meine Begierde nach seinem Körper und richtig gutem Sex mit seinem großen Schwanz wird immer größer.
Auf der Decke liegend lege ich meinen Kopf auf seinen Bauch.
Peter streichelt mir mein Haar, mein Gesicht und den Hals.
Nur von einer Erregung seines Penis merke ich nichts.
Ich mache jetzt einfach den Anfang.
Öffne seine Hose, hole seinen großen Penis und reibe ihn.
Schon wieder nichts.
Peter streichelt mich immer noch voller Liebe.
Nur mit seinem Schwanz stimmt was nicht.

Ich schiebe meinen Rock hoch mit den Worten: „Peter zieh mir meinen Slip aus.“
Ganz vorsichtig streift er ihn mir herunter.
Ich werde immer feuchter und gieriger nach seinem Schwanz.
Ich nehme die Hand von Peter und führe seine Finger in meine feuchte Vagina. Sanft spielt er damit.
Doch sein Penis? Immer noch hängend.
Was soll ich tun? Das ist ein junger Kerl.
Das Ding müsste schon lange stehen.
Jetzt, endlich kommt sein Penis in die Höhe.
Eine Pracht.
Ich kann es nicht lassen, mir dieses schöne Teil in den Mund zu schieben. Jetzt erlebe ich einen Traum mit diesem Schwanz.
So mein Gedanke.
Willig öffne ich meine Schenkel und ziehe den Körper von Peter dazwischen. Heute will ich mir diesen großen, prallen Schwanz selbst in die Scheide einführen.
Meine Hand greift nach ihm und führt ihn in meine nasse Vagina.

Wieder dieser Schrei von mir.
Dieser Schrei nach diesem Mann zwischen meinen Schenkeln.
Der Wahnsinn kann beginnen.
Zärtlich zieht Peter ihn rein und raus.
Ich will mehr. Fünf Stöße und Peter spritzt.
Das wars.
Danach geht nichts mehr.
Zärtlich küssen wir uns.
„Das kann doch nicht sein?
Aber das wird bestimmt noch gut mit Peter und seinem Schwanz“, so meine Gedanken.

In den kommenden Wochen immer das Gleiche.
Ein paar Stöße von Peter in mir und er spritzt.
Mehr ist nicht.
Wir reden nicht darüber.
Wenn ich nicht anfange mit sexueller Erregung, würde gar nichts passieren.
Noch nicht mal die paar Stöße und sein warmes Sperma in meinem Unterleib.

Wir beschließen, eine gemeinsame Wohnung anzumieten. Es spricht alles dafür, dass wir gut harmonieren. Mit Peter habe ich einen liebevollen, fürsorglichen Mann gefunden. Er ist nicht nur intelligent, er gibt mir auch das Gefühl, dass er mich bedingungslos liebt. Ich fühle mich gut aufgehoben bei ihm.

Und das mit dem Sex wird bestimmt noch was.

Da bin ich guter Dinge.

Er hat ja ein Prachtstück in der Hose, mit dem wir viel erleben könnten. In meiner Fantasie spüre ich den potenten Mann mit dem großen Schwanz zwischen meinen Schenkeln, der mich die ganze Nacht fickt.

Es läuft gut mit uns beiden.

Was mir bei Peter gut gefällt, ist, dass wir gute und inhaltsreiche Gespräche führen können. Auch lässt er mich frei leben, was mir wichtig ist.

Nur mit dem Sex? Das wird einfach nichts.

Manchmal greife ich ihm in die Hose und

spiele mit seinem Penis.
Nichts passiert!
Bei jedem jungen Kerl würde das Ding sofort hochgehen und er würde mich ficken.
Nur bei Peter nicht.
Wenn er nachts im Bett neben mir liegt, streife ich ihm manchmal seine Boxershorts herunter, streichele, reibe und küsse ihm seinen wunderschönen Penis. Meist passiert nichts.
Und wenn doch, stochert er drei Minuten in mir und spritzt.
Ab und an, aber wirklich nur ganz selten, legt mein Peter mich auf meinen Rücken, zieht mir mein Nachtgewand hoch, seinen Kopf zwischen meinen Schenkeln, küsst und leckt mir die Vagina.
Wenn er spürt, ich werde feucht, schiebt er mir behutsam seinen harten Schwanz rein.
Jedes Mal denke ich: „Jetzt wird es was."
Doch wie immer, ein paar Stöße, sein warmes Sperma in meinem Unterleib und das war es.

Wir reden nicht darüber.

Peter ist mir nicht nur ein guter Mann, sondern auch ein liebevoller. Also lebe ich mit seiner sexuellen Schwachheit. Doch ich halte es sexuell fast nicht mehr aus.

Die Begierde nach mehr mit ihm brodelt in mir.

Da ist ein toller Mann mit einem Prachtstück in der Hose, und er kann mich nicht ficken.

Heimlich kaufe ich mir einen Vibrator in der Größe von Peters Schwanz. Fast täglich, wenn Peter nicht zu Hause ist, befriedige ich mich mit dem Vibrator mit der Fantasie, es sei mein Peter, der mich gut durchfickt. Und so kann ich mich irgendwie damit arrangieren.

So war unser Anfang.

Doch wo sind wir heute?

Der Kurpfuscher

Mein ganzer Körper schmerzt von den Schlägen von Peter, als ich ihm sagte, ich sei schwanger. Am Hinterkopf spüre ich eine dicke Beule, wo er mir immer wieder den Kopf auf unseren hellen Granitboden geschlagen hat.

Peter kommt nach Hause.

In diese Hölle.

Ohne seine Jacke auszuziehen, packt er mich beim Handgelenk und zerrt mich in die Garage. Die Wagentür seiner schwarzen Limousine steht schon offen.

Ich: „Was soll das?"

Er: „Steig ein!", und schupst mich auf den Beifahrersitz.

Ich: „Wo fährst du hin?"

Keine Antwort von Peter.

Sein Gesicht wirkt kalt.

Er dreht die Musik im Wagen lauter.

Peter fährt in den sozialen Brennpunkt von Frankfurt. Da war ich noch nie. Was will er

hier? Peter setzt den Blinker und fährt in einen Hinterhof. Ich bin überzeugt, so eine teure Limousine wie die von Peter, hat hier noch nie geparkt.
Ich: „Wo sind wir hier?“
„Steig aus!“
Seine Stimme ist hart und brutal. Fest drückt er mir seine flache Hand in meinen Rücken und führt mich durch ein schmuddeliges Treppenhaus. Die Holztür sieht aus wie der unsympathische Mann, der im Türrahmen steht. Peter nickt ihm zu. Mit der Hand immer noch fest im Rücken schiebt Peter mich durch den Flur der vergammelten Wohnung hinten zu dem letzten Zimmer und stößt die Tür auf. Ich traue meinen Augen nicht, was hier steht!
Ein Frauenarztstuhl aus den Nachkriegsjahren und irgendwelches altes Werkzeug.
Ich schreie: „Peter was soll das?“
Er: „Halte deinen Mund. Ich sagte dir, ich kümmere mich darum!“
Ich will wegrennen, doch der ungepflegte

Mann hält die Tür zu. Peter reißt mich an meinen schwarzen Haaren, die ich heute zu einem Zopf gebunden habe.
Er zerrt mich auf den Stuhl.
Ein fester Faustschlag von ihm in mein Gesicht und ich liege da, auf dem alten Stuhl. Mit einer Hand drückt er meinen Kopf zurück. Der Kurpfuscher steht am Ende des Stuhles und hat Werkzeug in der Hand. Ich presse meine Beine fest zusammen.
Habe ich eine Chance gegen zwei Männer? Nein! Eine Hand drückt Peter mir fest auf meinen Mund, damit ich nicht schreien kann. Die andere legt er mir würgend um meinen Hals. Einmal drückt er fest zu.
„Los, spreize deine Beine!“, schreit er mich an.
Doch ich versuche, mich zu wehren und presse meine Schenkel noch fester zusammen.
Peter nickt dem Kurpfuscher nur zu.
Sein Würgegriff an meinem Hals wird fester. In diesem Moment spreizt der Pfuscher

mir mit Gewalt meine Schenkel und rammt mir einen kalten Gegenstand in meinen Unterleib. Mit einem festen Ruck reißt er meinen Embryo aus mir heraus.

Peter: „Reiß ihr alles heraus!“.

Der Pfuscher streift mir mein Kleid herunter, nickt Peter zu und verlässt den Raum.

Peter packt mich am Handgelenk und zerrt mich durch diese schmuddelige Wohnung Richtung Ausgang. Ich kann kaum laufen vor Schmerz. Doch er zerrt mich einfach weiter. Am Auto, bevor ich einsteige, drückt er mir ein Handtuch zwischen meine blutenden Beine, damit ich seine Ledersitze nicht beschmutze.

Er: „Noch einmal schwanger und ich töte dich!“

Fast leblos sitze ich neben ihm.

Ohne ein Wort fahren wir zurück in unsere schöne weiße Villa. In der Garage angekommen steigt Peter aus dem Wagen und lässt mich einfach zurück.

Irgendwie, an der Wand vorbei, schleppe

ich mich mit unerträglichen Schmerzen in unser Gästezimmer. Drei Tage kann ich mich vor Schmerzen nicht mehr bewegen. Selbst Pippi machen geht nicht ohne diesen schlimmen Schmerz.

Wo ist mein Peter von früher?

Ich erzähle dir wieder von unserer schönen Zeit vom Anfang.
Wir sind gerne bei meinen Eltern. In einem kleinen Haus mit großen Garten durfte ich heranwachsen. Ich hatte als Einzelkind das große Glück, liebevolle Eltern zu haben. Meine Mama war immer Hausfrau, mein Papa Handwerker. Meist waren Kinder aus unserer Straße bei uns. Mama hatte immer etwas Leckeres zu essen und Papa war gütig und geduldig mit uns Kindern.
Und so sind meine Eltern immer noch.
Sie nehmen auch meinen Peter herzlich und liebevoll in unserer Familie auf.
Manchmal fährt er nach der Arbeit sogar ohne mich hin. Und das ist auch gut so. Er plaudert mit Mama in der Küche oder lässt sich von Papa das neue Werkzeug zeigen. Wenn Peter mit dem Kochtopf zu unserer Tür hereinkommt, weiß ich direkt, dass er

bei Mama war. Sie gibt uns immer etwas Leckeres zu essen mit.
Peter erzählt nie von seiner Zeit vor uns beiden.
Am Anfang unseres Kennenlernens hatte ich mal nachgefragt.
Seine Antwort war kalt und bestimmend. „Lass es, zu fragen!“ Ich bin kurz erschrocken und ließ es dann auch sein.
Er wird mir bestimmt mal alles erzählen.
Wir sitzen an dem schön gedeckten Tisch bei Mama und Papa. Mama bringt den Erdbeerkuchen in die gute Stube. Papa hat die Sahne in der einen Hand, in der anderen die weiße Kaffeekanne. Wir plaudern über dies und das. Papa kann besonders gut zuhören.
So im Laufe des Gespräches fragt mein Papa: „Peter, ist dein Vater auch Handwerker?“
Peter wird weiß im Gesicht. Seine Mimik regungslos, sein Blick kalt.
Er schiebt wortlos den Stuhl zurück, steht auf und geht in den Garten. Dort setzt er sich

unter die Linde auf die Bank.
Meine Eltern verstehen die Welt nicht mehr. Was ist geschehen?
Ich erzähle meinen Eltern, wie Peter reagiert hat, als ich ihn nach seiner Vergangenheit fragte.
Meine liebe Mama streichelt mir mit einem Lächeln über die Hand und sagt sanft:
“Dann fragen wir einfach nicht mehr.“
Papa nimmt seine Zigarettenpackung und geht zu Peter in den Garten. Er setzt sich neben ihn und hält ihn fest bei der Hand. Ohne ein Wort hält er Peter nur an der Hand.

Beruflich steigt Peter immer weiter nach oben. Ich bin Abteilungsleiterin im Vertrieb und Peter Geschäftsführer bei einer Bank. Es läuft rund bei uns beiden.
Manchmal kleine Unstimmigkeiten, aber nichts Großes.
Nur der Sex? Peter bekommt es immer noch nicht hin.
Ich traue mich auch nicht, mit jemandem zu

reden.
Selbst mit meinen Eltern nicht.
Obwohl ich ihnen alles, wirklich alles erzählen kann.
Aber bei diesem Thema schäme ich mich und möchte meinen Peter auch nicht bloßstellen.
Peter bekommt von einer großen Bank ein Angebot als Investmentbanker. Voller Stolz kommt er nach Hause und erzählt es mir.
Er: „Ist das o. k. für dich? Es bedeutet auch, dass ich viel mehr arbeiten muss."
Für mich ist das o. k.
Voller Stolz und Liebe nimmt er mich bei den Hüften und hebt mich in die Luft.
Er: „Ich baue dir das schönste Haus von Frankfurt. Ich liebe dich. Komm, wir fahren zu deinen Eltern."
Voller Stolz erzählt Peter bei meinen Eltern.
Mama hat natürlich wieder lecker gekocht.
Papa hört geduldig zu.
Peter erzählt jedes kleine Detail.
Peter schaut meinen Vater an mit den

Worten: „Ich baue deinem Mädchen die schönste Villa von Frankfurt.“
Papa lächelt, nimmt Peters Hand und sagt: “Mein Junge, es braucht keine Villa, um der Liebe ein Zuhause zu geben.“
Er hält weiter die Hand von Peter und schaut ihm in die Augen: „Mein Junge, traust du dir das zu? Wir sind für dich da.“
Peter lächelt vor Glück: „Lass mich mal machen.“
Nach fünf Monaten verdient Peter eine Summe an Geld, von der wir nie geträumt hätten.
Aber wirklich wichtig ist diese Summe nicht für uns.
Vorher lief es ja auch gut.
Wir hatten beide ein gutes Einkommen.
Ich bin mittlerweile auch in die Geschäftsführung des Vertriebes aufgestiegen.
Trotz des vielen Geldes von Peter sind wir beide bodenständig und lieben es nach wie vor, in dem kleinen Häuschen bei Mama und Papa zu sein.

In dem Haus, in dem die Liebe wohnt.

Der Anruf

Montag, 16 Uhr.
Das Telefon an meinem Schreibtisch klingelt.
Mein Herz schlägt bis zum Hals.
Ich weiß nicht warum.
Langsam greife ich zum Hörer.
Die Polizei.
Meine Mama ist tot!
Sie wurde an einem Zebrastreifen von einem roten, viel zu schnellen Sportwagen erfasst und stirbt noch an der Unfallstelle.
Ich sacke zusammen.
Meine liebe, sanfte Mama tot.
Einfach nicht mehr da – meine Mama.
Auch mein Peter fällt in eine tiefe Trauer. Er kehrt immer mehr in sich und verschließt sich. Jeder trauert auf seine Weise.
Papa, Peter und ich rücken noch näher zusammen.

Jetzt haben wir drei nur noch uns.
Es ist eine Lücke von Mamas Tod gerissen worden, die nicht geschlossen werden kann.

Der Druck

Peter kommt immer öfter angespannt nach Hause. Der berufliche Druck wird immer stärker.

Wir reden viel miteinander.

Ich: „Peter, wenn der Druck zu groß ist, lass es sein. Wir kommen auch mit weniger Geld zurecht. Wir haben ja uns."

Er: „Das schaffe ich schon, lass mich mal machen."

Peter beginnt, viel Sport zu treiben.

Was ihm guttut.

Und zugegeben, es gefällt mir, wie athletisch sein Körper dabei wird.

Nur mit seinem schlaffen Penis wird es immer noch nichts.

Peters Plan

Peter ruft mich an: „Mach dich hübsch. Ich habe eine Überraschung für dich."

Pünktlich um 17 Uhr fährt er mit seiner schwarzen Limousine am Büro vor. Lächelnd steht er am Auto und schaut mir entgegen. Ich weiß nicht, wie mir geschieht.

„Steig ein." Höflich, wie Peter ist, öffnet er mir die Wagentür. Peter fährt Richtung meines Elternhauses.

„Was machst du, Peter?"

Er lächelt nur. „Lass dich überraschen."

An Papas Haus steigt Peter aus. „Warte hier."

Geduldig sitze ich im Wagen und kann mir nicht vorstellen, was Peter vorhat. Papa öffnet ihm die Haustür, wie immer in der Arbeitshose.

Peter nimmt ihn bei der Hand mit den Worten: „Komm, ich will dir und Claudia etwas zeigen." Papa kann gerade noch nach seinem Haustürschlüssel greifen.

Peter fährt uns in das nobelste Wohnviertel von Frankfurt.
Eine Villa schöner und größer als die andere. Vor einer Wiese hält Peter den Wagen an.
„Steigt aus", so Peter.
Papa und ich steigen ahnungslos aus.
Peter nimmt Papa und mich bei der Hand.
Er: „Hier baue ich Claudia die schönste Villa. Habe heute den Bauplatz gekauft."
Ich falle aus allen Wolken. Papa fehlen die Worte. Er schaut Peter nur an.
Peter nimmt das erste Mal Papa fest in den Arm mit den Worten: „Danke für deine liebevolle Claudia. Ich werde alles tun, damit sie glücklich ist."
Papa fehlen immer noch die Worte.
In den kommenden Wochen verbringen wir noch mehr Zeit als sonst mit Papa.
Die Männer planen das Haus.
Ich sage nur, was ich mir wünsche, und die Männer geben sich Mühe, meine Wünsche zu realisieren.

Mein Papa ist Peter eine große Hilfe und ein guter Ratgeber, da er Handwerker ist.
Und so stellen wir all unsere Pläne zusammen.

Der Termin

Heute wird es real.
Unser Traum vom Haus. Termin bei einem Architekten. Peter hat alle Unterlagen dabei, die wir mit Papa zusammengestellt haben.
Vor der Tür nimmt Peter mich liebevoll in den Arm, küsst mich und flüstert: „Sage mir, was du dir wünschst. Ich möchte, dass du in diesem Haus weiter glücklich bist.“
Ich nicke nur.
Dann stellt Peter sich vor mich, packt mich an beiden Armen.
Sein Gesicht wird ernst und kalt.
„Das sage ich jetzt nur einmal. Vergiss es niemals.
Nur einmal sage ich es.
Niemals Kinder! Ist das klar!?“
Ich erschrecke vor Peter.
So habe ich ihn in all unseren Jahren noch nie erlebt.
Da ist mir aufgefallen, wir haben noch nie

über Kinder geredet. Und unter uns gesagt, wie will Peter ein Kind zeugen?
Ist ja nichts los in seiner Hose.
Mit unserem Leben bin ich zufrieden, so wie es ist. Wenn ein Kind kommt, ist es gut. Wenn nicht, ist es auch gut.
Ich schiebe das Thema zur Seite.
Jetzt geht es los.
Heute kommt der Bagger und hebt das Grundstück aus. Natürlich ist Papa auch dabei. Papa wirkt heute blass und ruhig.
Vielleicht ist es die Aufregung.
Wie könnte es anders sein, als, dass Papa jetzt jeden Tag an der Baustelle ist und nach dem Rechten schaut.
Abends sitzen die Männer am Tisch und natürlich Thema Nr. 1 – die Baustelle.
Jetzt koche ich an den Abenden für uns drei.
Aber irgendwie ist Mama immer noch bei uns. Auch wenn ihre Hülle fehlt.
Ich höre ihre Stimme noch und spüre ihre Wärme in dem kleinen Haus, in dem die Liebe wohnt.

Tränen für immer

Papa wird von Tag zu Tag blasser.
Seine Schritte werden schleppend.
Ich: „Papa, geh zum Arzt. Ich begleite dich auch gerne.“
Er: „Ach was, wird schon wieder.“
Am nächsten Tag liegt Papa mit Fieber im Bett.
Jetzt greife ich durch und rufe den Arzt.
Sofort in ein Krankenhaus. Ich fahre im Krankenwagen mit. Eine Stunde später ist Peter bei mir und wartet mit mir im kalten Krankenhausflur.
Wie immer, wie auch zu erwarten, liebevoll und fürsorglich.
Ein Arzt kommt mit gesenktem Blick auf uns zu.
„Kommen Sie bitte mit in das Zimmer Ihres Vaters.“
Wie in Trance, ich an Peters Hand, folgen wir ihm. Dem Arzt.
Da stehen wir. Am Bett bei Papa.

Papa wirkt schläfrig und blass.
Der Arzt schaut mich an, schüttelt leicht seinen Kopf.
„Nur noch ein paar Tage. Leukämie im Endstadium."
In mir innerliche Ohnmacht.
Vor drei Monaten standen wir am Grab von Mama.
Papa darf jetzt nicht sterben.
Doch Gott fragt uns nicht, wen er beim Namen ruft.

Die letzte Stunde

Ich weiche Papa nicht mehr von der Seite. Peter bringt mir saubere Kleidung und versorgt uns auch sonst gut mit allem. Duschen darf ich in Papas Krankenzimmer. Peter kommt so oft es geht zu uns.

Zu meinem Papa und mir.

Heute Abend kommt es mir vor, als würde Papa auf etwas warten.

Ich weiß auch nicht, was das für ein Gefühl in mir ist.

Peter kommt.

Ohne ein Wort zieht er den Stuhl neben mich und setzt sich mit an Papas Bett. Mit einer Hand hält er meine Hand, mit der anderen die von Papa.

Papa öffnet leicht seine Augen.

Er kämpft.

Er möchte etwas sagen. Was will er sagen?

Er atmet tief ein. Mein Papa.

Die Hand von Peter drückt er, so fest er kann.

Papa: „Sei meinem Mädchen ein liebevoller Mann."
Meinem Peter laufen die Tränen über die Wangen.
Er nickt. Drückt Papas Hand und haucht leise. "Ja."
Noch ein Atemzug.
Nur noch ein Atemzug von meinem Papa.
Dem liebevollen, gütigen Papa.
Papa ist tot.
Da stehen wir nun. Hand in Hand.
Peter und ich.
Am Grab von Mama und Papa.
Jetzt haben wir nur noch uns.
Mein Peter und ich.

Papa fehlt

Da steht sie nun. Die Villa im Rohbau.
Papa fehlt mir so sehr. Mama natürlich auch.
Wenn ich an der Baustelle bin, suche ich immer noch nach Papa und denke, er muss doch jetzt um die Ecke kommen.
Nein. Papa kommt nicht mehr.
Heute schmerzt der Verlust von Papa besonders.
Das spürt auch mein Peter.
Er hält mich fest im Arm: „Wir beiden schaffen das. Ich bin für dich da."
Von Tag zu Tag wird das Haus schöner. Peter möchte, dass ich es so einrichte, wie es mir gefällt.
Jetzt ist es so weit.
Wir packen unsere Sachen in der Mietwohnung. Den Möbelwagen vor der Tür.
In der großen, neuen Villa verlieren sich unsere Sachen. Ein paar Kisten stelle ich ungeöffnet in den Keller.

Wie jeder weiß, gibt es Kisten, die bei einem Umzug in den Keller kommen und dort stehen sie dann ungeöffnet Jahre herum.
Schritt für Schritt richten wir liebevoll unser neues Zuhause ein. Peter geht oft mit in die Möbelgeschäfte. Aber eigentlich nur, weil ich ihn darum bitte.
„Mach, wie es dir gefällt." So immer sein Wort.
So unterschiedlich ist unser Geschmack auch nicht. Peter ist nur wichtig, dass in der Küche alles ist, was ich mir wünsche. Er liebt es, wenn ich koche.
Ich mache das auch gerne.
Mama hat mich viel gelehrt. Und so lebt Mama irgendwie noch weiter bei uns. Beim Essen reden wir auch oft miteinander. Es läuft gut mit Peter und mir.
Ich muss es immer wieder betonen, wie gut unsere Gespräche miteinander sind.
Was ich bei Peter immer öfters merke, dass er sehr angespannt wirkt.
Wenn ich nachfrage, lächelt er nur und sagt:

“Alles gut, meine Liebe.“
Schon oft haben wir geschwärmt vom Motorradfahren.
Jetzt machen wir es endlich.
Zeitgleich machen wir unsere Führerscheine und kaufen uns zwei flotte Räder.
Damit haben wir viel Spaß und es ist ein guter Ausgleich für Peter.
Mal fahren wir kurze Strecken, aber auch ein paar Tage Schwarzwald, Schweiz oder Hunsrück.
So wie es uns gefällt.
Es sind schon 12 Jahre her, als alles begann mit uns beiden.
Das einfache Mädchen am Schalter der Hausbank flirtend mit dem schüchternen, blonden Jüngling.
Das andere Leben beginnt.
Peter kommt gleich nach Hause.
Unseren langen Glastisch habe ich schon eingedeckt.
Heute gibt es Garnelen in Knoblauchöl.
Dazu frisches Weißbrot und natürlich

Weißwein.
Da ist er – mein Peter.
Er wirkt angespannt. Das wird gleich vergehen, wenn er mal was Gutes gegessen hat.
Wir sitzen am Tisch und reden wenig. Muss ja auch nicht immer sein.
Nach fünf Garnelen beginnt Peter zu erzählen.
Ich höre ihm aufmerksam zu.
Ich möchte ihm meinen Eindruck zu der Situation erzählen.
Meine Meinung war Peter immer wichtig.
Nach meinem zweiten Satz ballt Peter seine Faust und schlägt mir mitten in mein Gesicht.
Er faucht: „Widersprich mir nicht!“, und schlägt noch einmal zu.
Was war das?
Ich kann nicht fassen, was Peter gemacht hat.
Peter steht auf, geht und legt sich in sein Bett.
Ich kann immer noch nicht begreifen, was

gerade geschah.
Der nächste Morgen.
Wir frühstücken.
Ich frage: „Peter, was war das? Was hast du getan? Noch einmal die Hand gegen mich erhoben, und ich verlasse dich.“
Erst mal keine Reaktion von ihm.
Dann hebt er den Kopf, schaut mir ins Gesicht und sagt mit fester Stimme: “Das wirst du nicht!“

Die Zeit vergeht.
Alles ist wieder gut zwischen uns beiden.
Wir haben wieder Spaß miteinander.
Ab und an rutscht Peter über mich und steckt mir für ein paar Stöße seinen Penis in die Vagina.
Mittlerweile bin ich daran gewöhnt und habe mich damit abgefunden.
Doch seinen Faustschlag vergesse ich nicht.
Er beschäftigt mich.

Das Geschäftsessen

Mal wieder ein Geschäftsessen in einem noblen Restaurant mit Peters Geschäftspartnern. Eigentlich mögen wir beide das nicht allzu sehr.

Aber was muss, das muss.

Das schwarze Etuikleid betont meine Figur besonders. Mein langes schwarzes Haar trage ich heute zu einem Pferdeschwanz gebunden. Das Essen und der Service sind perfekt. Die Männer unterhalten sich, wie immer, über die Geschäfte. Manchmal beteilige ich mich. Im Ganzen gesehen, bin ich heute recht schweigsam. Eine der Frauen ist nur am Schnattern. Sie erzählt nur dummes Zeug.

Also schweige ich.

Endlich brechen wir auf. Im Auto ist Peter sehr schweigsam. Aber das ist o. k. für mich. Genug geredet für heute.

Kaum sind wir im Flur unserer schönen Villa, packt Peter mich an meinem Zopf und

schlägt immer wieder meinen Kopf gegen die Wand.
Er: „Wage es nie mehr, mir zu widersprechen!“
Wie ein wildes Tier prügelt Peter auf mich ein. Ich kann ihm nicht entkommen.
Am Boden liegend, schiebt er mir mein kurzes, schwarzes Kleid hoch, reißt mir mit Gewalt meine Schenkel auseinander, öffnet seine Hose und holt seinen heute prallen, harten Schwanz heraus.
Mit Wucht fickt er in mich.
Aber dann, wie immer, ein paar Stöße und er spritzt.
Peter stellt sich nun vor mich, packt seinen Schwanz ein, nimmt den Autoschlüssel und fährt davon.
Was ist hier geschehen?
In unserer schönen, großen Villa?
Peter kommt tagelang nicht nach Hause.
Es ist mir auch egal.
Ich bin in einem Schockzustand.
Was ist hier geschehen?

Nach Tagen kommt er wieder und tut, als sei nichts geschehen.
Ich schlafe im Gästezimmer.
Er fordert: „Morgen kommen Gäste. Koch etwas!“
Willig füge ich mich, serviere und bediene wie immer, als sei nichts geschehen.
Die Runde ist gesellig und endet um Mitternacht. Peter begleitet die Gäste zur Tür und verabschiedet sie freundlich.
Ich gehe ohne ein Wort ins Gästezimmer zum Schlafen.
Kurz darauf öffnet Peter meine Zimmertür.
Nackt steht er vor mir.
Was ist geschehen?
Sein Penis ist hart.
Was hat Peter in der Hand?
Eine Peitsche!
Mit der Peitsche schlägt er dreimal gegen mein Bett und schmeißt mir einen Vibrator entgegen.
Er: „Los, mach es dir!“
Und schlägt noch einmal mit der Peitsche

gegen das Bett.
Ich habe Angst vor Peter.
Diese Angst erregt ihn. Er legt die Hand um seinen harten Schwanz.
Er: „Los mach!“
Widerwillig öffne ich meine Schenkel und schiebe den Vibrator in meine Scheide.
Und wieder schlägt Peter mit der Peitsche auf das Bett.
Er onaniert.
Das hat er noch nie gemacht.
Ein paar Reibungen an seinem Schwanz, und schon spritzt er wieder.
Peter beugt sich jetzt über mich und nimmt den Vibrator selbst in die Hand. Mit einer Brutalität haut er ihn mir in meine trockene Vagina, dass ich vor Schmerz schreie.
Er hört nicht auf. Weiter und weiter.
Irgendwann lässt er von mir ab.
Schlägt noch einmal mit der Peitsche auf das Bett und geht.
Und wieder fährt er mit seinem Wagen davon.

Und wieder bleibt er ein paar Tage verschollen.
Was soll ich tun?
Ich begreife nicht, was geschieht.
Soll ich zur Polizei?
Mir glaubt doch keiner.
Der liebevolle Investmentbanker, der alles für seine Frau möglich macht, ist ein Monster?
Mir glaubt doch keiner. Sicher glaubt mir keiner.

Peter ist zurück, als sei nichts geschehen.
Wie beim letzten Mal.
Ich steh in der Küche am Herd.
Seine Hand greift mir von hinten in den Schritt.
Er steckt mir seine Finger in die Vagina und küsst meinen Hals von hinten.
Kurz reibt er seinen Unterleib an mir.
Da spüre ich schon seine feuchte Hose.
Seine Finger in meiner Vagina und eine kurze Reibung seines Unterleibes waren für

ihn schon ausreichend, um zu spritzen. Mittlerweile ekele ich mich vor Peter. Er haucht mir leise in mein Ohr: „Ich liebe dich.“ Hat mir gerade ein Wahnsinniger seine Finger in meine Vagina geschoben? Ich kann nicht mehr klar denken.

Peter kommt noch einmal auf mich zu und legt mich sanft auf unseren hellgrauen Granitboden, er öffnet mir langsam meine Schenkel. Sanft und gefühlvoll schiebt er mir den mit Gel eingeriebenen Vibrator ein. Zart seine Worte: „Jetzt bist du dran. Ich möchte, dass es dir gut geht.“ Er versucht, mich liebevoll zu befriedigen. Auch seine Hände und sein Mund sind zärtlich zu mir. Ich lasse es über mich ergehen. Sanft streichelt er meinen Bauch mit den Worten: “Was soll ich tun, damit du zum Orgasmus kommst?“ Ich täusche einen vor, damit er endlich von mir ablässt.

Das merkt er eh nicht. Was passiert hier?
Wer ist mein Peter? Wer bin ich?
Wo ist Peter? Mein liebevoller Peter, von dem ich dir am Anfang erzählt habe.
Er verschwindet von Tag zu Tag mehr.
Mein lieber Mann.
Peter denkt, alles ist gut und er habe mich mit dem Vibrator glücklich gemacht.
Ich schlafe nur noch im Gästezimmer.
Peter kommt nach Hause. Erzählt von der Arbeit. Schraubt an den Motorrädern.
Also, für ihn alles gut.
Aber nur für ihn.
Mit wem soll ich reden über das, was hier geschieht?
Mit der Polizei? In so einem noblen Wohnviertel?
Mit den Geschäftspartnern beim Essen?
Mit den Bekannten aus den anderen Villen?
Mit den Arbeitskollegen – ich als Geschäftsführerin?
Familie habe ich keine mehr.
Mit wem?

Ich begreife ja selbst nicht, was hier geschieht.
Mal wieder so ein Tag. Peter kommt von der Arbeit. Sein Gesicht kalt und angespannt.
Ohne ein Wort schlägt er mir mit seiner Faust in mein Gesicht.
Immer wieder – und immer wieder.
Jetzt geht er ins Badezimmer, das natürlich aus italienischem Marmor ist, lässt sich ein Bad ein, und hört Vivaldi.
Wie krank ist das hier?
Wie krank ist Peter?
Ist er dem Leistungsdruck nicht mehr gewachsen?
Was geschieht mit mir?
Gut riechend und gut gelaunt kommt Peter zu mir, nimmt mich bei der Hand und führt mich in unser Badezimmer, wo immer noch leise Vivaldi zu hören ist.
Behutsam legt er mich auf den warmen Fußboden und zieht mir langsam die Kleider vom Leib.
Liebevoll cremt er mir jede Körperstelle

ein. Cremt und küsst.
Seinen Bademantel ausgezogen.
Sein Penis hängend.
Ich lasse es über mich ergehen.
Ich habe nach diesen Faustschlägen keine Kraft mehr mich zu wehren.
Langsam spreizt er mir meine Beine. Leckt und küsst mir meine Vagina mit den Worten: „Ich liebe dich und brauche dich. Ich halte dich für immer fest."
Dabei schiebt er mir die Cremetube in die Vagina.
„Ich will dich ja ficken. Ich gebe mir Mühe."
Peter hat einen neuen Vibrator besorgt.
Einer der gleichzeitig in die Vagina und den After stößt.
Peter reibt ihn mit Gel ein und führt ihn mir langsam ein.
Seinen Körper drückt er mir zwischen meine Schenkel, so als würde er mich ficken. Ich weiß nicht, wie lange das geht.
Mir kommt jede Sekunde wie Stunden vor.

Was soll ich tun?
Vielleicht ist Peter so brutal geworden, weil er nicht wirklich einen hochbekommt?
Er weiß ja selbst, dass er mich nicht befriedigen kann.
Peter sieht ja auch, dass ich eine attraktive Frau bin und viele Männer haben könnte.
Der Gedanke muss ihn quälen.
So vergehen Monate.
Wie komme ich aus der Villa?
Eigenes Geld habe ich ja.
Taff genug bin ich auch.
Ich weiß ja, wie das Leben geht.
Wie komme ich aus dieser unrealen Hölle heraus, die ich nicht begreifen kann?
Es gab ja auch noch die Zeit davor.
Alles war gut in unserem Leben.
Wo ist Peter?
Wo ist mein Peter, der mich liebte?
Wo ist er?
Peter zeigt keine Reue. Er macht immer, als sei nichts gewesen.
Heute gehe ich früher als sonst zu Bett.

Ich will ihn gar nicht sehen. Ich höre ihn unten in der Küche.
Egal. Ich schaue Netflix. Peter kommt hoch. Reißt meine Zimmertür auf und schlägt wild auf mich ein. Ich weiß nicht, wie mir geschieht. Fertig mit dem Schlagen, schließt er meine Tür hinter sich und legt sich in sein Bett.
Bin ich sein Druckventil?
Wenn mir das nur einer sagen könnte.

Nach der grauenvollen Tat des Kurpfuschers schlafe ich nur noch im Gästezimmer.
Nach 2 Wochen lassen die Schmerzen so langsam nach. Zu einem Arzt zu gehen, traue ich mich nicht. Ich schäme mich und kann nicht realisieren, was mir geschah. Peter gehe ich aus dem Weg.
Die Villa ist ja groß genug.
Peter ist auch wenig zu Hause.
Die Arbeit nimmt ihn zeitlich viel in Anspruch und den Rest der Zeit verbringt er

mit Sport. Er ist nur noch zum Duschen und Schlafen zu Hause. Ich geh davon aus, dass er oft außer Haus isst. Haben wir ja vorher auch mit seinen Geschäftspartnern gemacht. Aber eigentlich liebt Peter es, wenn ich zu Hause gutbürgerlich koche.
So vergehen Wochen.
Körperlich ist bei mir wieder soweit alles gut. Meiner Arbeit als Geschäftsführerin kann ich auch wieder nachgehen.
Mein Platz ist jetzt im Gästezimmer.
Peters Nähe ertrage ich nicht mehr, nach dem, was er mir angetan hat.
Leise klopft er an meiner Schlafzimmertür.
Peter!
Er setzt sich neben mich an mein Bett.
Greift nach meiner Hand.
Er: „Bitte komm wieder zu mir ins Bett. Nachts vermisse ich dich am meisten."
Ich: „Hast du vergessen, was du mir angetan hast?"
Er: „Bitte komm. Ich vermisse deine Wärme."

Ich drehe mich um. Will ihn nicht sehen.
Ich: „Nein! Und jetzt geh!"
Peter steht auf und geht. Leise schließt er die Tür hinter sich.

4 Wochen später.
Ich schlafe fest wie ein Murmeltier. Eigentlich könnte man mich nachts wegtragen, ich würde es nicht merken.
Ich habe einen Traum.
Ich träume, ich hätte einen schönen, dicken Penis in mir. Ich merke im Schlaf, wie meine Vagina immer feuchter wird.
Der Traum soll nicht enden.
Ich werde noch feuchter und erregter. So langsam werde ich wach.
Es ist kein Traum.
Peter liegt nackt zwischen meinen Schenkeln.
Er hat mir im Schlaf meine Arme mit Handschellen ans Bett gefesselt.
Jetzt hat er seinen Kopf zwischen meinen Schenkeln, küsst und leckt meine nasse

Scheide. Für einen Augenblick vergesse ich alles und gebe mich ihm hin.
Sanft führt er mir seine liebevollen Finger ein. Mit viel Gefühl reibt er mir meinen Saft um meinen After.
Heute, nach all den Jahren, ist er mutig und schiebt mir vorsichtig einen Finger in den After. Ich werde wahnsinnig vor Begierde nach ihm und seinem Körper.
Wo ist sein Schwanz?
Der müsste doch jetzt prall und hart sein?
Ich spüre ihn nicht.
Peter lässt kurz nach.
Mit Lust schiebt er mir jetzt den Vibrator ein.
Sanft und voller Gefühl.
Ich werde immer erregter. Peter ist darauf bedacht, mir Gutes zu tun. Seine Lippen küssen mich, während er mich mit dem Vibrator befriedigt.
Doch sein Penis, dieser schöne Schwanz, wird nicht hart. Er ist lasch wie immer.
Peters Körper auf mir, den Vibrator in mir,

verschaffen mir das erste Mal, nach all den Jahren mit ihm einen Orgasmus.
Peter lässt nach und weicht von mir zurück.
Sanft löst er die Handschellen.
Jetzt packt er mich fest im Nacken und drückt zu.
Er: „Das wolltest du doch immer. Sag mir, dass du keinen anderen Schwanz in dir willst!“
Er nimmt seine Hand von meinem Nacken und geht. Leise schließt er die Tür.
In den nächsten Tagen ist er wieder öfter zu Hause. Er möchte auch liebevoll und fürsorglich sein. Doch ich will das nicht.
Tage und Wochen vergehen.
Oft ist Peter angespannt. Trotzdem höflich, freundlich und fürsorglich, wie so oft, als wäre nichts geschehen.

Die Idee

Ich habe eine Idee. Die könnte helfen. Ich kaufe Potenzmittel.
Vielleicht geht es Peter besser, wenn der eigentlich schöne Schwanz mal länger steht und er richtig schönen Sex mit mir erlebt. Er hätte dann auch das Gefühl und die Bestätigung, mich zu befriedigen.
Ich besorge etwas.
Ist das die Lösung?
Unauffällig lege ich ihm die blaue Pille in seinen Kulturbeutel.
In all den Jahren haben wir über alles geredet, nur nicht über unseren Sex.
Peter hat dieses Thema nie aufgegriffen, und ich spreche ihn nicht an, da ich ihn nicht beschämen will.
Am Abend sitze ich im Esszimmer an unserem großen Glastisch und blättere in einer Zeitung.
Peter kommt heute mal frohgelaunt nach Hause.

Er setzt sich zu mir und plaudert. Ich erwecke den Anschein, als würde ich ihm zuhören. Doch er interessiert mich nicht. Es dreht sich alles immer nur um Aktien.
Er gibt mir einen Kuss auf die Wange.
Er: „Ich gehe jetzt duschen."
Ich nicke nur und blättere weiter in der Zeitung.
Eigentlich bin ich müde und werde gleich zu Bett gehen.
Peter ist im Bad fertig und kommt die Treppe herunter.
Er packt mich von hinten fest im Nacken und schlägt mir meinen Kopf auf die Glasplatte.
Wieder und immer wieder.
Er: „Ich genüge dir wohl nicht! Was soll das mit dem Potenzmittel!?"
Und noch einmal schlägt er mir meinen Kopf auf die Glasplatte.
Denken kann ich jetzt nicht mehr. Ich möchte nur noch in mein Bett.
Mir stellt sich die Frage, wie Peter sich

sexuell sieht?
Glaubt er von sich, dass das eine Pracht ist, was er sexuell abzieht?
Ich weiß gar nichts mehr.
Kurze Zeit später kommt Peter zu mir in mein Schlafzimmer. Nackt mit hängendem Penis.
Er beugt sich über mich, zieht mir mein kurzes Nachtgewand hoch und schiebt mir sanft seine Finger in meine Scheide.
Er: „Genüge ich dir nicht? Sage mir, was ich tun soll, und ich mache es. Genüge ich dir nicht? Mein Penis ist doch groß und dick."
Jetzt greift er liebevoll an meine Brüste. Sein hängender Penis reibt an meiner Scheide. Peter saugt sich an meinen Brüsten fest. So langsam wird sein Penis hart. Behutsam stößt er in meine Vagina.
Ein paar Stöße und fertig. Wie immer.
Er steigt von mir ab. Ein zarter Kuss von ihm und er geht.
Und wieder begreife ich nichts.
So geht es tagein, tagaus.

Mal schlägt er wild auf mich ein.
Mal fügt er mir sexuelle Gewalt zu.
Mal versucht er, mich liebevoll zu ficken.
Mein Kopf und mein Leben sind ein einziges Durcheinander.
Wo ist Peter? Mein geliebter Peter von einst?
Wo bin ich?
Wo ist unser Leben?
Alles weg?
Mit wem soll ich reden?
Wer versteht mich?
Wo ist sein Versprechen, das Peter meinem Vater am Totenbett gab? Wo ist all das hin?
Am Abend versuche ich, sachlich mit Peter zu reden. Wir sitzen am Tisch. Ich beginne.
„Peter, das ist nicht in Ordnung, was hier stattfindet. Was hältst du davon, wenn wir uns anständig trennen?“
Peter schaut mich entgeistert an.
„Gut, im Moment haben wir ein paar Konflikte. Aber so schlimm ist es jetzt auch wieder nicht.“ So seine Worte.

Merkt Peter nicht, was er mir antut und wie er sich verhält?
Ich: „Peter, lass uns auseinandergehen."
Sein Blick wird kalt. Mit einer Faust schlägt er auf den Tisch.
„Du bleibst!", schreit er mich an. Steht auf und geht.
Am nächsten Morgen finde ich einen Zettel in der Küche, auf dem geschrieben steht:
„Ich war dir in den letzten Tagen kein guter Mann. Aber du bleibst!"
Ich habe Urlaub. Unsere Putzfrau ist umgezogen und hat nach Jahren gekündigt.
Eine neue zu finden, ist gar nicht so einfach.
Ich habe im Moment Zeit, und so wische ich die Böden selbst.

Die Kiste

Die obersten beiden Etagen habe ich schon geputzt. Mein Gott, unsere weiße Villa im Nobelgebiet ist ganz schön groß. Peter ist momentan sehr freundlich.
Morgen putze ich das Untergeschoß, in dem auch Peters Büro ist. Da gehe ich nur selten hinein.
Ich verweile in unserem schönen Garten. Eigentlich ist es eher ein kleiner Park. Gott sei Dank haben wir einen Gärtner.
„Jetzt aber los. Hol dir den Putzeimer und mach dich an das Untergeschoß“, motiviere ich mich selbst.
Ach, da stehen ja immer noch vier Kisten vom Umzug von vor Jahren. Solche Kisten, die wohl jeder beim Umzug hat.
Heute packst du sie endlich auch mal aus, denke ich mir. Na, was ist denn da alles drin? So dies und das. Alles, was die Welt nicht braucht.
In Peters Büro steht auch noch eine.

Die räume ich jetzt auch mal aus. Die Kiste. Nur alte Ordner.

Irgendwie habe ich die Hoffnung, ich würde auch mal Kinderbilder von Peter finden.

Nein. Nur alte Ordner.

Soll ich sie mit dem Karton wegwerfen?

Ach nein, ich hole die Ordner heraus und blättere darin.

Mir stockt der Atem.

Ich rutsche an der Wand herunter und sitze auf dem Boden.

Alles alte Akten von Peter.

Auch Bilder. Nur keine lieblichen Kinderbilder.

Ich kann nicht fassen, was ich in den Händen halte.

Peter lebte in seinen letzten Jugendjahren in einer Wohngruppe. In einer Wohngruppe für sexuell missbrauchte Kinder.

Mir laufen Tränen über die Wangen.

Peter wurde über viele Jahre von der eigenen Mutter sexuell missbraucht.

Die Fotos, die ich in der Hand halte, sind

grausam.
Nicht genug, dass die eigene Mutter ihn quälte.
Nein, der Vater – Alkoholiker – hatte den kleinen Peter schwer misshandelt und gepeitscht.
Ich kann nicht glauben, welche Grausamkeit ich hier sehe. Ich schließe die Kiste und stelle sie zurück.
Mit einer Tasse Kaffee in der Hand setze ich mich in unseren schönen Garten.
Fassungslos und tieftraurig, was ich da entdeckt habe. Unter meinen Füßen öffnet sich der Boden, und ich falle in ein tiefes Loch.
Zwei Tage später gehe ich wieder an die Kiste und schaue mir noch einmal alles an.
Wie sieht es in Peters Seele aus?
Wie zerrissen muss er innerlich sein?
Welche Kraft kostet es ihn, diese heile Welt um uns herum aufzubauen?
Wie schwer ist es für Peter, mit diesem Geheimnis zu leben?
Ich spüre wieder tiefe Traurigkeit in mir.

Wären nur meine Mama und mein Papa noch am Leben. Mit ihnen könnte ich jetzt reden.
Ich fahre zum Friedhof. Setze mich vor dem Doppel-Grab auf den Boden. Unter Tränen erzähle ich ihnen die ganze Geschichte.
Auch die Wahrheit, wie Peter mich behandelt.
Mir ist es, als würde ich am Tisch mit Papa und Mama sitzen, in dem kleinen Haus mit dem großen Garten.
In dem Haus, in dem die Liebe wohnte.
In Gedanken sehe ich beide. Mama und Papa. Ich sehe auch ihre traurigen Gesichter bei meiner Erzählung.
Was macht Peter mit unserem lieben Mädchen Claudia, höre ich meine Mama sagen.
Irgendwie spüre ich auch meinen Papa.
Der Papa, der vor mir im Grab liegt. Mir ist, als würde er mich fest im Arm halten und zu mir sprechen: „Mein liebes Mädchen, es ist ganz schlimm und traurig, was dein Peter erlebt hat. Das gibt ihm aber nicht das

Recht, dich so schlecht zu behandeln. Mein liebes Mädchen. Geh. Geh zurück in das Haus, wo einst die Liebe wohnte.“
Ich weine noch lange am Grab. Am Grab meiner Eltern.
Irgendwie fühle ich mich erleichtert und gestärkt. Erst mal fahre ich zurück in unsere weiße Villa.
Tage und Nächte denke ich nach. Peter erzähle ich nichts von meinem Fund und auch nicht, dass ich am Grab war und meinen Eltern alles erzählt habe.

Der Tag aller Tage

Peter ist ein Mann, der sein Wort hält.
Komme, was wolle.
Am Abend ist er auch pünktlich, wie vereinbart, zum Essen in unserem Haus. Ich habe den langen Glastisch im Esszimmer gedeckt und wir essen gemeinsam.
Ohne große Worte essen wir.
Ich unterbreche die Stille: „Peter, ich habe viel nachgedacht. Ich ziehe wieder in das Haus von Mama und Papa. In das kleine Haus am Rande der Stadt."
Peter schaut mich feindselig an.
Ohne ein Wort.
Minutenlanges Anstarren.
Dann steht er auf und geht nach oben. Ich bleibe am Tisch sitzen.
Was geht wohl jetzt in ihm vor?
Ich höre nichts. Nichts von meinem Peter.
Dem einst so liebevollen Mann.
Nach einer Zeit höre ich seine Schritte auf der Treppe.

Er kommt herunter.

Ich sitze noch am Tisch und starre auf meinen leeren Teller.

Peter stellt sich ganz ruhig hinter mich.

Mit einem schnellen Griff legt er mir die Peitsche um meinen Hals und zieht sie zu mit den Worten:

“Du gehst nicht!“

Ein kalter Satz aus Peters Mund.

Ich ringe nach Luft und versuche, mir den Riemen vom Hals zu halten. Peter lässt nach.

Er packt meinen Kopf rechts und links mit seinen starken Händen.

Ein heftiger Ruck nach rechts.

4 Tage später

Jetzt ist die Polizei in unserem Nobelviertel. Nachbarn stehen auf der Straße. Alles voll mit Blaulicht. Polizei, Feuerwehr, Krankenwagen.
An unserer schönen weißen Villa wird die mächtige Haustür aufgebrochen.
Vier Polizisten betreten unser schönes Esszimmer mit dem großen Glastisch und den roten Designerstühlen.
Da liege ich, auf dem hellgrauen Granitboden.
Die Peitsche noch um den Hals.
Peter hat sein Wort gehalten.
Da liege ich auf dem kalten Boden in der schönen Villa.

Ich liege da und bin tot!

Teil 2

Heute kein Business-Anzug mit Designerhemd. Jeans und hellblauer Pullover lassen Peter trotzdem solide und charismatisch erscheinen.
Einfacher furnierter, heller Holztisch.
Zwei schwarze Stühle aus Kunstleder.
Da sitzt Peter.
Den Blick gesenkt, die Hände fest ineinander verschlossen.
Regungslos, so sitzt Peter da.
„Romstraße 7“, stammelt er.
Der Polizist, der ihm gegenübersitzt, kann damit nichts anfangen. Er beginnt nachzufragen.
Doch Peter bleibt regungslos mit gesenktem Kopf.
Schweigen, minutenlanges Schweigen von Peter.
„Romstraße 7, da liegt Claudia. Ich warte hier.“
So bricht Peter kurz sein Schweigen.
Der Polizist ahnt Übles. Kurz verlässt er den Raum. Peter immer noch in gleicher

Position.
Großeinsatz in die Romstraße 7, in die schöne weiße Villa im Nobelviertel von Frankfurt. Blaulicht in der Straße. Nachbarn an den Bürgersteigen.
Tür aufgebrochen.
Da stehen sie.
Vier Polizisten im Esszimmer mit dem großen Glastisch und den roten Designerstühlen.
Claudia, Peters geliebte Claudia, am Boden.
Die Peitsche noch um den Hals.
Tot! Genickbruch!
Im Büro, in dem Peter und der Polizist immer noch schweigend sitzen, klingelt das Telefon.
Der Polizist hebt den Hörer ab.
Die Stimme am anderen Ende: „Abführen, sie ist tot."
Gradlinig, zuverlässig und ehrlich wie Peter immer war, steht er zu dem, was er getan hat.
Seine einzigen Worte: „Ich war es." Immer

noch mit gesenktem Kopf.

Der Rechtsanwalt

Aus den guten Kreisen, in denen Peter als Bänker verkehrt, wird ein Rechtsanwalt für seine Verteidigung beauftragt. Doch auch bei seinem Freund, dem Anwalt, nur Schweigen von Peter, außer der eine Satz. „Ich war es."

Bei der Obduktion von Claudia wird nicht nur der Tod durch Genickbruch festgestellt, auch innere alte schwere Verletzungen, die auf Misshandlungen hindeuten. Vernarbungen im Unterleib, die von der brutalen Abtreibung durch den Kurpfuscher sind, können auch festgestellt werden.

Die Gerichtsverhandlung geht ziemlich schnell über die Bühne.

Von Peter nur ein Satz mit gesenktem Kopf. „Ich war es."

Der Mord ist Peter nachzuweisen.

Die körperliche und sexuelle Gewalt an seiner geliebten Claudia nicht eindeutig. Liegt aber nahe. Mit immer noch gesenktem Kopf nimmt Peter das Urteil an.

20 Jahre

Das ist die Zeit, die Peter jetzt im Gefängnis von Frankfurt verbringen wird.
Die seitliche Schiebetür des Polizeiwagens wird geöffnet. Peter an Handschellen geführt.
Kein Businessanzug, kein Designerhemd.
Die nächsten zwanzig Jahre Einheitslook – Sträflingskleidung.
Peter ahnt, was auf ihn zukommt. Doch er weiß nicht, was wirklich mit ihm geschieht in den nächsten Jahren.
In den ersten Monaten ist Peter leblos.
Er atmet, isst, duscht und starrt die Wand an.
Nachts findet er nur wenig Schlaf. Sein Blick starrt zur Decke.
Leere, eine einzige Leere in seinem Körper und seinem Geist. Die Hofgänge nutzt Peter nur selten. Doch zweimal in der Woche ist Sammelduschen Pflicht. Dass im Gefängnis keine guterzogenen Internatsschüler ihre Zeit verbringen, versteht sich von selbst.

Distanziert beobachtet Peter die Kleingruppe von zehn Bad Boys unter der Dusche. In Freiheit sind diese Jungs gemeingefährlich. Was sich hinter den Gittern des Gefängnisses nicht ändert.
Peter hatte in der Vergangenheit mit solchen Typen nie was zu tun. Und möchte das jetzt auch nicht. Doch was er möchte, wird hier nicht mehr gefragt. Erst mal wird Peter unter der Dusche nicht beachtet.
Aber auch nur – erst mal.
Es zieht schnell Kreise, warum Peter inhaftiert ist. Da gibt es ja die Flüsterpost hinter hohen Mauern.
Peters Anwalt kommt häufig zu ihm. Doch immer das Gleiche. Gesenkter Kopf. Fest ineinander reibende Hände. So Peter.
Monate später.
„Peter, du musst dein Schweigen brechen. Deine Angelegenheiten müssen geregelt werden“, so der Anwalt.
Peter erteilt ihm eine Generalvollmacht.
Mit gesenktem Kopf und leiser Stimme:

„Verkaufe die Villa und die Autos. Verwalte die Aktien. Nur die Motorräder werden nicht verkauft.“
Die Motorräder, mit denen er und seine Claudia unbeschwerte Stunden verbrachten. Bei dem Gedanken geht Peter ein leichtes Lächeln über sein Gesicht.
Peter hebt seinen Kopf und spricht jetzt mit fester Stimme.
„In meinem Büro im Untergeschoß steht eine braune Kiste, zugeklebt mit Paketband. Nimm die Kiste, bring sie in den Garten zur Feuerstelle und verbrenne sie. Verbrenne sie ungeöffnet und mache mir Fotos davon.“
Der Anwalt nickt.
Peter senkt wieder den Blick. Nur er weiß, was in dieser Kiste ist.
Dass seine Claudia Tage vor ihrem Tod diese Kiste geöffnet hat, weiß Peter nicht. Und so hat Claudia ihr Wissen über den Inhalt der Kiste mit in ihr Grab genommen.
Kann schlimmes Leid an einer Feuerstelle im Garten in einer Kiste verbrennen?

Claudia, die eine und einzige Frau, die Peter liebt, hat immer geschwiegen über Peters Schwäche.
Er war ihr über viele Jahre ein liebevoller, guter, verlässlicher und anständiger Mann. Und so nahm sie sein sexuelles Problem schweigend hin. Nur sie wusste, dass dieser schöne, lange, dicke Penis nur mit Mühe zum Stand kommt und nur nach ein paar Stößen ein Orgasmus.
Claudia schweigt.
Sie schweigt jetzt für immer.
Im Grab.
2,4 Millionen für die weiße Villa im Nobelviertel von Frankfurt bringt der Verkauf. Rechtsanwalt Reiner muss sie mit Wertminderung abgeben. Ein Haus, in dem ein Mord stattfand, ist nur schwer zu verkaufen. Doch Reiner mit seinem Geschick hat es geschafft. Für die Motorräder hat er für die nächsten zwanzig Jahre Stellplätze in einer Werkstatt angemietet. Auch um die Aktien kümmert Reiner sich bestens. Immer auf

Anweisung von Peter.
Bei den Aktien reden wir hier mittlerweile von 1, 6 Millionen. Ich glaube, Peter ist mit fast vier Millionen der reichste Sträfling im Frankfurter Gefängnis. Reiner kümmert sich verlässlich um Peters Vermögen. Er verdient ja auch ein gutes Honorar damit.
Peter beginnt, wieder etwas lebendiger zu werden. Sport so viel wie möglich. Hofgang nur selten.
Zwei Mal duschen in der Woche ist Pflicht. Die Bad Boys, die immer mit dabei sind in der Sammeldusche, beginnen so langsam mit spitzen Bemerkungen über Peters großen Penis.
„Na, Vater wohl Metzger gewesen und du immer Bullenblut getrunken! Bei dem Schwanz konnten die Weiber nachher nicht mehr gehen, wenn du sie gefickt hast! Die Weiber waren bestimmt süchtig nach deinem Schwanz!“
Peter ballt die Fäuste vor Wut. Solch eine niedere Sprache ist er nicht gewöhnt. Seinen

Zorn kann er kaum noch zügeln.
Peter ist groß, athletisch und sportlich. Doch gegen solche Typen hat er keine Chance.
Peter will im Gefängnis seine Ruhe und nur so viel Kontakt wie nötig.
Dass er den Bad Boys nicht entkommt, ahnt er nicht.
Peter werden psychologische Gespräche im Gefängnis angeboten. Doch er lehnt ab.
Schweigen. Immer Schweigen.
So verbringt Peter Tag für Tag. Nacht für Nacht.
Manchmal steht er nachts am Fenster seiner Zelle. Hinter den Gittern gehen seine Gedanken und Gefühle zu seiner geliebten Claudia. Die Bilder mit ihr wie ein Film an ihm vorbeiziehend.
Die schönen Bilder.
Dass er seiner Claudia körperliche und sexuelle Gewalt zugefügt hat, spaltet er komplett ab.
In seiner gedanklichen Welt ist dafür kein

Platz.

An einem Abend hält er den emotionalen Schmerz an seine Claudia nicht mehr aus.

Er zieht sich sein Kissen über den Kopf.

Seit Kindertagen hatte Peter keine Tränen mehr. Jetzt, nach all den Jahren weint Peter stundenlang.

Es hört nicht auf – sein Weinen – bis in die Morgenstunde.

Peter kennt viele Gefühle. Liebe, Traurigkeit, Freude, Scham.

Nur ein Gefühl ist ihm fremd.

Reue.

Sammeldusche

Die Bad Boys werden beim Duschen immer aufdringlicher. Zuerst verbal mit niederen Sprüchen. Heute rücken sie Peter körperlich näher. Zwei der harten Jungs stellen sich direkt neben Peter. Ein dritter holt Peters großen Schwanz in die Hand und drückt ihn fest zusammen. „Na, wirst du ohnmächtig, wenn der steht? So viel Blut wie da reingeht!“

Ein fester Faustschlag in Peters Unterleib und sie weichen von ihm. So geht das einige Male beim Duschen.

Heute umzingeln die Bad Boys Peter unter der Dusche. Der Wärter steht vor der Tür.

„Na, Langschwanz, heute zeigen wir dir, was wir können!“

In dem Moment drücken zwei der harten Jungs Peters Oberkörper nach vorne. Einer von ihnen steht schon hinter Peter mit hartem Schwanz. Jetzt sind es nur noch Sekunden. Mit Gewalt fickt er Peter in den After.

Weitere zwei stehen schon da und onanieren. „Jetzt bin ich dran!" So der eine und fickt Peter von hinten. Nun der dritte.
Peter kann sich nicht wehren. Was hat er für eine Chance gegen zehn von denen?
„Na, wie war das für dich? Vorher hast du die Weiber gefickt mit deinem großen Schwanz.
Jetzt wirst du von uns gefickt!"
Der Wärter vor der Tür bekommt nichts mit von dem Ereignis. Peter weiß, wenn er diesen Vorfall meldet, hat er die Hölle auf Erden im Gefängnis.
Also verdrängt er.
So geht das jetzt in regelmäßigen Abständen weiter.
Mal jede Woche. Manchmal nur einmal im Monat.
Peter weiß nie, wie ihm geschieht.
Doch er schweigt und lässt es über sich ergehen.

Intelligenz genutzt

Ein Jahr vorbei. Ein Jahr schon hinter Gittern.
Es folgen aber noch 19 Jahre.
Peter treibt sehr viel Sport. Auch achtet er, soweit dies geht, auf seine Körperpflege. Selbst im Gefängnis hat er sein blondes Haar stets korrekt zum Seitenscheitel geschnitten. Die Liebe zu seiner Claudia wird mit der Zeit nicht schwächer. Im Gegenteil, er vermisst sie jeden Tag.
In den Gedanken lebt er die Zeit mit ihr noch einmal.
Jedes gute Gespräch. Jede liebevolle Umarmung.
Einfach alles.
Peter sitzt zwar hinter Gittern, aber seine Intelligenz bleibt. Er war ja vor dieser Zeit Investmentbanker. So bittet er seinen Anwalt, ihm Bücher zu besorgen, dass er die thailändische Sprache lernen kann. Französisch und Englisch beherrscht Peter perfekt in

Wort und Schrift.
„Warum thailändisch?“, fragt Reiner.
Doch wie immer. Peter schweigt.
Und so wird sein Auftrag erfüllt. Natürlich wieder gegen hohes Honorar.
In jeder freien Minute – und davon hat Peter ja genug – lernt er. Aber warum thailändisch?
Zwei Jahre intensives Lernen und Peter beherrscht die Sprache perfekt in Wort und Schrift.
Neuer Auftrag an Reiner.
Peter möchte alles an Lektüre von diesem Land. Einfach alles, was der Markt bietet. Auch Kochbücher. Auftrag wird erfüllt. Peter beliest sich intensiv, als wolle er dort jedes Sandkorn kennen. Auch andere Wissensbücher besorgt Reiner. Peter ist es wichtig, dass seine Intelligenz nicht schwächer wird in all den Jahren hinter Gittern. Auch über den aktuellen Stand der Aktien wird Peter regelmäßig informiert. Und so merkt Peter nicht wirklich, dass er hinter

Gittern sitzt.
Das Einzige, was an Peter vorbeizieht, ist die Schnelllebigkeit des Internets und wie großzügig die sexuelle Freiheit sich in unserer Gesellschaft entwickelt.
So vergeht Monat für Monat.
Jahr für Jahr.
Noch drei Jahre und Peter hat es geschafft.
Dann ist er ein freier Mann.
Sein Anwalt ist ihm über all die Jahre treu und ehrlich an der Seite geblieben.
Ist Peter dann wirklich frei?
In all den Jahren lebt Peter auf nur ein paar Quadratmetern. Und doch fühlt er sich oft frei. Frei von dem beruflichen Druck als Bänker.
Frei von gesellschaftlichen Erwartungen.
Zurück zu seiner Einfachheit in seinem tiefen Inneren.
Trotz Wohlstand hat Peter mit seiner Claudia bodenständig gelebt. Oft sind sie zu Hause in ihrer weißen Villa mit Jogginghose und Schlabberpulli rumgelaufen und haben

auf dem Sofa gekuschelt.

Dass Peter in all den Jahren im Gefängnis einen Plan mit System schmiedet, ahnt keiner.

Noch nicht mal sein treuer Freund Reiner.

Doch wie sieht sein Plan aus?

Darüber schweigt Peter.

In den Frankfurter Bänkerkreisen spricht niemand mehr von Peter. Aus den Augen – aus dem Sinn – in dieser oberflächlichen Welt, in der sich alles nur um Geld dreht.

Noch ein Jahr. Dann ist es so weit.

„Reiner kauf mir ein solides, gepflegtes Haus in Heinsberg, in einem Ort ca. 300 km von Frankfurt entfernt. Dort kennt keiner die Geschichte von mir“, so der Auftrag von Peter.

„Weiß soll es sein. Das Haus. Keine Villa mehr. Eine Villa hatte ich nur für meine Claudia geschaffen. Richte das Haus auch ein. Richte es so ein, dass es Claudia gefallen würde.“ Der Anwalt nickt.

Er kann sich noch gut an Claudia erinnern.

Gerne saß er bei ihr am Tisch, wenn sie mal wieder lecker kochte. Ja, er kannte Claudia gut. dass sich hinter den Mauern der Villa solche Gewaltexzesse abspielten, hatte Reiner zu der Zeit in keiner Sekunde gedacht oder nur geahnt. Auch während den 20 Jahren Gefängnis wurde nie ein Wort darüber gesprochen.

„Kauf einen schwarzen Wagen. Gehoben, aber keine Limousine und richte mir eine Kreditkarte ein", so Peter. Geld spielt keine Rolle. Sein Vermögen ist in all den Jahren auf fast 6 Millionen gewachsen. Wie gesagt, in der Zelle brauchte er keines.

Was hat Peter vor?

Wie ist sein Plan? Keiner weiß es.

Ist er noch der liebevolle Mann?

Ist er noch der gewalttätige Mann?

Hat er das Morden noch in sich?

Keiner weiß es.

Weiß Peter es? Kennt Peter die tiefen Abgründe in seiner Seele?

Kennt einer den Inhalt der braunen Kiste,

die einst an der Feuerstelle im Garten verbrannte?
Was wird aus Peter in der Freiheit?
Er hat ja einen Plan.
Hat er das Sadistische noch in sich?
Wird er wieder Frauen verachten, quälen und misshandeln wie einst seine Claudia?
Keiner weiß es.

Der große Tag

Das große Tor öffnet sich. Peter geht hindurch mit seinen drei Habseligkeiten der letzten 20 Jahre.
Frei? Äußerlich ja. Innerlich?
Sein schwarzer Sportwagen steht bereit. Reiner klopft ihm nur auf die Schultern, drückt ihm die Autoschlüssel und die Kreditkarte in die Hand.
Wie geht es weiter?
Die ersten drei Monate zieht Peter sich zurück in sein neues Haus. Er muss das Leben in Freiheit erst wieder langsam lernen. Reiner ist ihm nach wie vor ein treuer Freund. Peter ist älter geworden. Mitte fünfzig. Die Jahre in der Zelle und der Verlust seiner geliebten Claudia sind nicht spurlos an ihm vorbeigegangen. Sein Haar grau, aber immer noch gepflegt zum Seitenscheitel geschnitten.
Ob im Anzug und Designerhemd, oder sportlich in Jeans und Pullover – Peter wirkt

charismatisch. Sein Körper immer noch sportlich trainiert.
Er hatte ja im Knast genug Zeit.
Langsam geht Peter wieder unter Menschen und grüßt den Nachbarn freundlich. Auch im Supermarkt die Kassiererin und den Tankwart. Immer freundlich, aber distanziert. In seiner Freizeit beschäftigt er sich viel mit dem Internet und den Dating Portalen.
Was ist sein Plan?
Er meldet sich an. Sogar mit Foto. Hat er im Gefängnis die Zeit vergessen? Er kontaktiert junge Frauen. Aber nur bestimmte sucht er sich aus. Nicht älter als 28 Jahre und vor allem müssen sie gebildet sein. Meist wählt er junge Studentinnen. Dass Frauen leicht zu bekommen sind, hat Peter hinter Gittern versäumt.
So was hätte seine Claudia nie gemacht.
Was hat er für einen Plan? Ich glaube, er weiß es selbst nicht so genau.
Reiner führt Peter wieder in die reiche

Gesellschaft ein. Er ist ja einer von ihnen. Auch zum Golfen geht Peter. Und so baut er sich wieder ein Netz mit sozialen Kontakten. Aber immer auf Distanz. Nur sachliche Gespräche.

Doch ewig kommt er damit nicht durch, trotz seiner zurückhaltenden Wesensart. Den Fragen nach seinem Privatleben kann er fast nicht mehr entkommen.

Jetzt kommt Teil zwei seines Planes.

Mit fünf der reichen Männern, auch Reiner mit dabei, sitzen sie mit gutem Whiskey zusammen.

Peter beginnt zu erzählen.

„Ich war Investmentbanker in Luxemburg. Vor 21 Jahren ist meine Claudia mit dem Motorrad tödlich verunglückt."

Ausführlich erzählt Peter von dem tödlichen Unfall in Südfrankreich. Reiner hört zu und ihm fehlen die Worte. Erst mal ist die Neugierde der Herren gestillt und die Gesprächsthemen sind wieder die Aktien und Geschäfte. Peter hat sich haargenau ein

Gerüst aus Lügen gebaut über die vergangenen 20 Jahre.
Dass solch ein kluger, sympathischer, gutaussehender Kerl wegen Mordes hinter Gittern war, vermutet keiner. Und, dass solch ein Kerl seine Claudia schwer misshandelte, auch nicht.
In vornehmen Kreisen gibt es so was nicht.
Denkt man!
Das ist natürlich nicht wahr.
Es wird nur unter dem Deckmantel der Verschwiegenheit gehalten.
Ist Peter immer noch der Mann mit zwei Seelen in seiner Brust?
Es macht ihm Spaß, mit den jüngeren Frauen der Dating Portale zu schreiben. Er hat nicht erwartet, dass es so leicht ist, Frauen an Land zu ziehen. Na, dann suche ich mir jetzt mal eine aus, so sein Gedanke. Zügig geht er zur Sache. Ein paar Mal schreiben, telefonieren und schon hat er sie an der Angel.
Nadine – Studentin für Lehramt.

Wow, was für ein Mann, so denkt Nadine beim ersten Treffen mit Peter im Nobelrestaurant.
Und er interessiert sich wirklich für mich? Höflich, liebenswert erscheinend, gut aussehend und Sportwagen. All das, was sich die meisten jungen Frauen wünschen.
Peter trifft sich regelmäßig mit Nadine. Zuverlässig, wie immer. Sie weiß auch nichts von seiner Vergangenheit. Peter hat sich ja ein Lügengerüst erschaffen, das er jetzt lebt. Was Nadine besonders beeindruckt, dass Peter sie nicht schon nach dem dritten Date ficken will, wie die anderen jungen Männer, die sie kennt. Doch lange kommt Peter nicht mehr daran vorbei. Sein sexuelles Problem ist ja noch da. Claudia hat er drei Mal den Kopf auf den Glastisch in der schönen Villa geschlagen, als sie ihm heimlich Potenzmittel in den Kulturbeutel legte. Jetzt hat Peter zu Hause das Mittel mal nur für sich getestet. Es funktioniert wirklich. Zeitnah wird sein schöner großer Penis hart und hält auch

länger, bis er zum Orgasmus kommt.
Aber ist das Peter?
Will er das wirklich?
Im Moment geht es nicht anders. Nur er und seine Claudia kennen sein Geheimnis.
Freitagabend.
Peter, der galante Mann, geht ganz auf die Wünsche von Nadine ein. Und so waren sie heute beim einfachen Italiener Pizza essen. Nadine riecht heute sehr gut. Ihr blondes langes Haar trägt sie offen. Heute ist er reif. Der Peter.
So die Gedanken von Nadine. Heute schleppe ich ihn einfach ab und nehme ihn mit zu mir in mein Studentenzimmer. Potenzmittel hat Peter jetzt immer dabei. Er muss ja für alle Fälle vorbereitet sein. Vor der Tür angekommen ahnt er, wie es weitergeht. Unauffällig schluckt er die blaue Pille. Bis sie in der Wohnung angekommen sind, tritt die Wirkung ein. Hinter der Tür geht es ganz schnell. Nadine greift ihm in die Hose. Das ist ja der Wahnsinn, so ihr Gedanke. So

einen Penis und dann auch noch hammerhart. Die Gier nach Peters Schwanz wird immer größer. Das kennt Peter alles nicht. Er hatte immer nur die eine, und einzige Frau – seine Claudia.

Doch Peter lässt sich auf Nadine ein. Er gibt ihr das Gefühl der Führung. So überspielt er seine sexuelle Unerfahrenheit. Bereitwillig öffnet Nadine ihre Schenkel und schiebt Peters Körper auf sich.
„Fick mich mit dem riesigen Schwanz!“
Und schon dringt Peter in sie ein. Sanft und vorgetäuscht, gefühlvoll.
Wieder. Und immer wieder.
Nicht wie bei Claudia, vier bis fünf Stöße und spritzen.
Nadine ist ihm voller Gier unterlegen. Und doch erfüllt Peter ihr jeden Wunsch. Er fickt sie so, wie sie es möchte. Nadine, die sexy wirkende, steht auf einfachen Blümchensex. Feucht und voller Begierde ihre Vagina nach Peters Schwanz. Aber einfach.

Wie geht es Peter?
Nach mehr als 20 Jahren in eine Frau zu dringen?
Peter empfindet nichts, aber auch gar nichts. Sein Schwanz ist nur hart von den Pillen. Aber das soll Nadine nicht merken.
So vergehen Tage und Wochen mit dem jungen Mädchen.
Sie scheint glücklich.
An der Uni gibt sie auch ein wenig an, mit ihrem reichen, höflichen Freund. Einigen Freundinnen erzählt sie auch von dem großen harten Schwanz und wie sie gefickt wird. Bei manchen ihrer Freundinnen spürt sie den Neid.
Was ist das für Peter?
Ein Spiel?
Ein Plan?

Aushelfen

Wieder die fünf reichen Herren in der Runde mit teurerem Whiskey. Peter ist und war schon immer sehr zurückhaltend, was Alkohol betrifft. Doch die anderen Männer sind kräftig dabei – beim Whiskeytrinken. Je mehr Alkohol umso derber die Gespräche der feinen Herren.

„Seit meine Alte in den Wechseljahren ist, lässt sie sich nicht mehr ficken“, so der eine über seine Frau.

„Meine nur noch einmal im Monat. Und dann ist sie auch noch trocken und schmiert erst Gel darauf. Da habe ich schon keine Lust mehr auf eine solche alte Fotze“, so der andere.

Peter hört nur schweigend zu. So hätte er nie von seiner Claudia geredet. Doch das niedere Gespräch lässt ihn tagelang nicht los. Da ist ja seine Nadine. Das junge Mädchen das Peter nichts, aber auch gar nichts bedeutet.

In ihrem Studentenzimmer ist er dabei, sie zu ficken. So wie sie es gerne hat. Natürlich mit der blauen Pille.
Nach dem Blümchensex nimmt er sie zärtlich in den Arm, streichelt ihr blondes Haar und flüstert ihr ins Ohr: „Ich muss dir etwas sagen."
Nadine setzt sich aufrecht. „Peter, was ist los?"
Er: „Eigentlich schäme ich mich ein wenig."
Und so erzählt er Nadine eine Traumgeschichte vom Geld und, dass er im Moment im Engpass wäre. Ob sie ihm helfen kann?
Nadine lächelt: „Peter, ich bin froh, wenn ich meine Miete zahlen kann."
Peter war immer ein ehrlicher, zuverlässiger Mann, der sein Wort bei seiner Claudia gehalten hat.
Bei Nadine hingegen wird er zum Märchenerzähler. Lange genug erzählt – hat er die junge Frau gefügig und sie tut es.
Nur dieses eine Mal.

Für 2.000 € verbringt Nadine Stunden im Hotel mit dem widerlichen Geschäftspartner von Peter, der so derb über seine Frau sprach.
1.000 € für Nadine. 1.000 für Peter.
Peter bedankt sich demütig bei Nadine.
Für Nadine ist das ein Vermögen. In 3 Stunden 1.000 € verdient.
Und Peter? Er schmunzelt nur über den Betrag. Nicht zu vergessen – er besitzt ein Vermögen an Millionen. Der Peter.
Doch warum macht er so etwas?
Schnell wird Nadine in Peters Kreisen durchgereicht. Immer 2.000 € für 3 Stunden.
Peter und Nadine reden nicht viel darüber. Er führt sie weiter aus, fickt sie mit der blauen Pille und täuscht Gefühle vor.
So einfach geht das mit den Frauen?
Peter merkt, in welcher Welt er angekommen ist.
Jetzt will er es wissen. Nadine hält er am Band.

Er startet neu im Dating Portal.
Es dauert keine fünf Tage, da geht er mit der nächsten jungen Frau aus. Dieses Mal ist es die kleine, zierliche, hübsche Pascale. Eher eine ruhige, zurückhaltende Frau.
Sie studiert Naturwissenschaft. Gleiche Strategie von Peter. Die blaue Pille wird sein bester Freund. Doch was ist mit der zierlichen los? Von wegen Blümchensex. Sie will mehr. Also, intelligent wie Peter ist, bestellt er mit ihr zusammen Sexspielzeug. Heimlich beliest er sich, was Mann damit macht. Damit kennt er sich nun wirklich nicht aus. Aber bis es so weit ist, hat er schnell gelernt. Und so spielt er auch Pascale den sexuellen Adonis vor.
Nadine zieht sich immer mehr von Peter zurück. Schnell hat sie gemerkt, wie man gutes Geld verdienen kann. Und so dient sie den feinen Herren fünf bis sechs Mal im Monat und genießt den schnell erfickten Wohlstand.
Peter ist das sogar recht. Er braucht ihr

nichts mehr vorzutäuschen. Großzügig, wie er ist, hat er Nadines Anteil auf 1,500 € erhöht. Das Geld ist für ihn nicht von Bedeutung.
Sein Freund Reiner versteht ihn nicht mehr. Warum macht Peter das? Das Spiel mit den Frauen und den feinen reichen Männern.

Jetzt wird mit Pascale weitergespielt.
Peter hat ja ein Vorhaben mit ihr. Genau wie mit Nadine. Er setzt alle Spielzeuge ein, so wie Pascale es sich wünscht. Und schon ist Pascale in der Annahme, Peter sei ein Mann, der ihre Wünsche erfüllt. Dass in Peters Brust zwei Seelen ruhen, das erkennt sie nicht. Dafür ist Pascale zu jung.
Peter steht an der einfachen Studentenküche der Wohngemeinschaft. „Schau, Peter, was ich uns besorgt habe.“ So Pascale und sie drückt ihm ein Geschenk in die Hand. Peter packt aus und Pascale lächelt ihn an. Ein Perlenvibrator.
Sofort ein Gewitter in Peters Kopf und

Körper.
Er wird blass, seine Augen kalt.
Und schon hat Pascale seine Faust im Gesicht.
Erst einmal, dann zweimal. Und jetzt noch ein fester Faustschlag in den Unterleib.
„Genüge ich dir nicht?“, so Peter. Er hat die Kontrolle über sich verloren. Sein Zorn, oder die tiefen Wunden in seiner Seele, waren stärker. Wortlos dreht er sich um und geht. Er geht zurück in sein weißes Haus.
Das Haus, das so eingerichtet ist, als würde es seiner Claudia gefallen. In seinen Gedanken lebt er in dem Haus, als sei seine Claudia noch da.
Seine tote Claudia.
Sein Telefon klingelt. Tage später ruft Pascale ihn an: „Peter, ich vermisse dich. Bitte komm zu mir.“ Peter lächelt nur. Was sind das für Frauen?
Er lässt sie warten. Weitere 3 Tage vergehen.
Dann fährt er zu ihr, als sei nichts

geschehen. Sein schwarzer Sportwagen fährt bei Pascale im Studentenviertel vor. Heute trägt Peter eine Jeans und ein weißes Poloshirt. Wie immer ein Hingucker, trotz seines reifen Alters.
Kaum die Autotür geschlossen – der erste Faustschlag. Und noch einer. Zwei muskulöse, tätowierte Männer prügeln Peter zu Boden. Jetzt treten sie mit den Füßen in Peter hinein.
„Wage es dich nie mehr, Pascale zu schlagen. Und jetzt verschwinde!"
Dass Pascale ihn in eine Falle lockte, spürt er jetzt an seinem ganzen Körper.
Manchmal fährt Peter nach Frankfurt. Romstrasse 7, an die weiße schöne Villa, die er einst für seine Claudia erschaffen hat. Die Sehnsucht zerreißt ihn innerlich. Doch sein altes Leben gibt es nicht mehr.
Sein altes Leben und seine Claudia – weg – einfach weg!

In dem Ort, in dem Peter jetzt lebt, erahnt

niemand seine Vergangenheit. Sein Lügengerüst ist ja perfekt aufgebaut. Da Peter bei einer Version bleibt, verstrickt er sich auch nicht in Widersprüche.

Das Dating Portal wird sein bester Begleiter für seinen Beutefang. Er macht weiter und sucht nach jungen Frauen. Eine springt auf Peter an. Schnell telefoniert er mit ihr. Sie erzählt, dass sie Psychologie studiert. Peter hält den Atem an. Noch ein paar kurze Sätze von Peter und er beendet das Gespräch. Sie ist ihm zu gefährlich. Kann sie mit ihrer Bildung Peter entlarven?

Das Risiko geht er nicht ein und beendet den Kontakt.

Auf ein Neues. Leichtes Spiel für ihn. So zieht er weitere vier junge Frauen an Land. Schnell hat er sie dazu gebracht, den reichen Männern zu dienen und dann kann Peter sich zurückziehen. Anfangs muss er sie ja ficken, um sie gefügig zu machen.

Für Peter ist es eine Qual.

Innerlich ist er zerrissen und ekelt sich sogar

vor sich und den Frauen.
Das ist nicht Peter.
Was mit fünf Mädels läuft, läuft auch mit sechs. Und so zieht er sich die Nächste nach seinen Wünschen.
Warum?
Ist es der Sadismus in ihm?
Ist es die Brutalität in ihm, die er jetzt nur verlagert?
Hat es etwas mit seiner geliebten Claudia zu tun?
Oder gar mit der braunen Kiste, die an der Feuerstelle des Gartens verbrannt wurde?
Warum baut Peter sich einen Escortservice auf?
Chantal heißt die Nächste. Auch wieder jung und gebildet. Sie ist keck und nimmt kein Blatt vor den Mund. Sie sagt, was sie denkt und fühlt. Chantale. Drei Wochen geht das Spiel mit ihr.
Montagabend.
Beim Griechen zum Essen. Peter fährt sie nach Hause. Chantale steigt aus und stellt

sich beugend an die Wagentür des Sportwagens mit offenem Verdeck.
Es ist eine warme Sommernacht.
„Peter, alles ist gut. Du bist auch sehr attraktiv. Aber das mit uns läuft nicht. Das dauert mir zu lange. Ich hole mir lieber wieder einen jungen Kerl, der mich fickt. Anscheinend bist du zu alt und bekommst keinen mehr hoch!“ Zynisch lächelt Chantale bei ihren Worten. Peter steigt langsam aus dem Wagen und geht auf Chantale zu, die immer noch lächelnd dasteht.
Ruhig geht er auf sie zu, stellt sich dicht vor sie. Vor Chantale.
Und schon kommt der erste Faustschlag.
Ein Faustschlag in Chantales schönes Gesicht. Jetzt lächelt sie nicht mehr.
Wie ein wildes Tier schlägt Peter auf sie ein.
Am Boden liegend noch einige Fußtritte.
Er steigt ausgeglichen in seinen Wagen und fährt davon. Chantale lässt er auf dem Bürgersteig liegen. Dieses Mal auf offener Straße.

Ohne Hemmungen schlägt Peter eine Frau zu Boden.
Was ist passiert? Passiert mit Peter?
War es wieder dieses Gewitter in seinem Kopf und Körper?
Hat Chantale seinen wunden Punkt getroffen?
Alles Schlampen. Keine ist wie Claudia. So Peters Gedanken auf seinem Heimweg.

Jetzt lasse ich es sein. Genug Frauen dienen mir, so Peter. Er zieht sich wieder zurück in sein weißes Haus. Er ekelt sich vor sich selbst und den Frauen. Er will keine mehr ficken. Das wollte er ja noch nie. Nur es gehörte zum Spiel. Ich erzähle dir nicht ausführlich, wie Peter es mit den Frauen treibt. Für ihn ist es bedeutungslos.
Noch nicht mal eine Putzfrau lässt er in sein Haus. Er reinigt selbst. Hat er im Knast gelernt. Zeit genug hat er ja.
Das Einzige, was ihm von seiner Claudia geblieben ist, ist ihr roter Lippenstift.

Er liegt im Tresor im Untergeschoß. Ab und an nimmt er ihn in die Hand und träumt sich zurück.

Nur noch selten hat er Kontakt mit seinen reichen Bekannten.

Der einzige Mensch, der in Peters Haus darf, ist sein Freund und Anwalt Reiner.

Oft reden sie über Claudia, so als sei sie noch da.

Hört Peter nie auf, sie zu lieben? Seine Claudia.

„Peter, warum spielst du dieses Spiel mit den Frauen?“, fragt Reiner vorsichtig.

Peter senkt seinen Blick, presst seine Hände fest ineinander und schweigt. Das gleiche Schweigen wie 20 Jahre im Gefängnis. Reiner fragt nicht weiter nach.

„Warum hast du Thailändisch gelernt?“, so Reiner.

Peter hebt den Kopf.

„Ich brauche eine Vergangenheit, wenn jemand merkt, dass ich all die Jahre als Bänker nicht mehr tätig war. Claudia ist tödlich

verunglückt. Ich habe den Schmerz nicht ausgehalten, alle Zelte hier abgebrochen und in Thailand gelebt“, so Peter.
Wasserdichtes Lügengerüst.
Peter ist einfach fast perfekt.
Die Motorräder, die viele Jahre untergestellt waren, stehen jetzt in der Auffahrt seines Hauses. Sie werden nicht bewegt. Nur vor dem Winter in die Garage gestellt.
Das ist alles.
Sein Escortservice läuft von selbst. Die Männer kontaktieren die Mädels direkt. Und so hat Peter fast nichts mehr damit zu tun. Einmal im Monat trifft Peter sich mit den Frauen im Restaurant und lädt sie zum Essen ein. Unauffällig schieben sie Peter einen Umschlag mit seinem Anteil zu. Ungeöffnet legt er die Umschläge in seinen Tresor im Untergeschoß. Das Geld interessiert ihn nicht.
Er legt die Umschläge neben den roten Lippenstift.
Der Lippenstift – das Einzige was ihm von

seiner Claudia geblieben ist.
Die Zeit vergeht. Peter stöbert mal wieder in Dating Portalen.

Spielt er sein Spiel weiter?
Nein. Er ekelt sich vor sich selbst, was er mit den anderen Frauen getan hat.
Ekel ja – Reue nein.
Reue – das Gefühl kennt er nicht.
Er gibt seine Escort-Mädels ganz frei.
Damit will er nichts mehr zu tun haben.

Die große Reise

„Reiner, komm bitte heute Abend zu mir“, so Peter am Telefon.
Sie sitzen am Tisch. Peter und Reiner.
„Kannst du wieder mein Haus und mein Geld verwalten? Nur die Finger weg von meinen Motorrädern“, so Peter.
Reiner nickt. Natürlich macht er das für seinen Freund. Zwar gegen gutes Honorar, aber Reiner ist über all die Jahre Peter ein ehrlicher und treuer Mensch geblieben.
Schweigend schiebt Peter ein Ticket über den Tisch.
One way Thailand.
Das Land, das er aus all den Büchern kennt und dessen Landessprache er im Gefängnis gelernt hat. „Ich weiß nicht, wann ich zurückkomme“, so Peter. Nur mit Handgepäck in den Flieger. Peter mag keine Hotels. Also kauft er sich eine kleine Hütte im Landesinneren.
Klein und bescheiden, nur das Nötigste, was

er zum Leben braucht. Schnell lernt Peter Land und Leute kennen. Das Leben der Einheimischen interessiert ihn. Und so schließt er schnell Kontakte, aus denen auch Freundschaften entstehen. Einfache Menschen, aber herzlich und ehrlich. Peter fühlt sich wohl bei ihnen. Von seinem Leben in Deutschland erzählt er nichts. Die Thailänder leben im Jetzt und Hier. So vergehen die Monate im einfachen Leben. Peter spürt immer mehr, welchem Druck er als Investment Bänker ausgesetzt war. Gerne erinnert er sich an seine jungen Jahre als Schalterangestellter in der Hausbank.

Findet Peter hier in der kleinen Hütte seinen Seelenfrieden?

Die Bilder an seine Claudia werden immer blasser. Manchmal schämt er sich, dass hier in dem Land die Bilder an die Zeit mit seiner Claudia so weit weg sind.

Wo ist Peters Zorn bei tiefen Verletzungen? Verschwunden?

Heilen hier in diesem einfachen Land seine

Wunden?
Abgespalten – einfach abgespalten.
Die körperliche und sexuelle Gewalt, die er seiner Claudia zugefügt hat.
Auch, dass er ein Mörder ist. Einfach abgespalten.
Peter spürt so langsam wieder Fröhlichkeit und Lebendigkeit. Immer mehr sucht er nach sozialen Kontakten in diesem einfachen Land zu den einfachen Menschen.
Ist Peter wieder da? Der Peter von einst?
Höflich, ehrlich, zuverlässig, charakterstark und liebenswert?
Doch da gibt es doch noch die Kellerkinder in ihm.
Die Kellerkinder, die er einst in dem braunen zugeklebten Karton an der Feuerstelle im Garten verbrennen ließ.
Nachts, wenn alles ruhig ist, klopfen sie – die Kellerkinder. Immer stärker, immer deutlicher. Sie wollen heraus – heraus aus Peters Seele. Peter verdrängt.
Doch die Kellerkinder sind stärker. Bilder

werden wieder klar. Bilder aus Peters Kindheit. Bilder, die er Jahrzehnte verdrängte. Doch hier in aller Ruhe haben sie Zeit. Peter hält den Schmerz nicht mehr aus, packt seine Koffer und fliegt zurück nach Deutschland, in der Hoffnung, er sei dort mehr abgelenkt und die Kellerkinder ruhen wieder in ihm.
Ein Jahr in der kleinen Hütte in Thailand. Hat Peter seinen Seelenfrieden immer noch nicht gefunden?

Kaum fünf Monate in Deutschland will Peter wieder zurück in die kleine Hütte. Sein einfaches Zuhause in Thailand. Hier in Deutschland will er keine sozialen Kontakte mehr, weder zu seinen Escort-Frauen noch zu seinen reichen, sogenannten Freunden. Außer zu Reiner, seinem echten Freund. Erst jetzt spürt er, mit welchen oberflächlichen Menschen er zu tun hat.
Und so bucht er wieder ein One way Ticket in seine kleine Hütte zu seinen herzlichen

Freunden.
Noch ein weiteres Jahr ein Leben, in dem er sogar wieder Glück verspürt. Ein Gefühl, das er schon lange nicht mehr kannte. Er beschließt, in Deutschland alle Zelte abzubrechen, um in seiner kleinen Hütte zu leben. In der kleinen Hütte, in der Peter sich zu Hause fühlt.
Nur, die Kellerkinder klopfen immer noch.
Nur noch ein Flug zurück nach Deutschland.
Am Abend kommt Reiner, um die Ereignisse der letzten Zeit zu besprechen. Peter will ihm auch erzählen, dass er Deutschland ganz verlässt und in Thailand sein Zuhause gefunden hat. Auch, dass er sich dieses Mal selbst um den Verkauf des Hauses kümmert. Peter hat in Thailand auch Kochen gelernt. Und so bereitet er für einen Freund ein Essen vor und deckt den Tisch. Reiner kommt zur Tür herein. Ein Schulterklopfen und ein Hallo für Peter. Das Essen steht schon auf dem Tisch. Peter setzt sich, senkt den Kopf

und presst seine Hände fest ineinander. Plötzlich bricht es aus Peter heraus.
„Die braune Kiste, die du einst verbrannt hast? Meine Kindheit hast du verbrannt. Die letzten Jahre meiner Jugend habe ich in einer Wohngruppe gelebt. In einer Wohngruppe für sexuell missbrauchte Kinder. Von der Mutter misshandelt und vergewaltigt. Vom Vater gepeitscht." Peter erzählt bis ins kleinste Detail. Es bricht nur so aus ihm heraus. Stundenlang erzählt Peter. Sein bester Freund hört einfach nur zu. Zuhören bis zum letzten Wort.
Das letzte Wort von Peter.
Bei der Verabschiedung nimmt Reiner seinen Freund Peter das erste Mal in den Arm. „Ich bin und bleibe dein bester Freund." So sein Wort. Das Schweigen ist gebrochen. Das Schweigen der Kellerkinder. Befreit legt Peter sich in sein Bett und schläft tief und fest.
Die nächsten Tage fühlt Peter sich gelassen mit einer innerlichen Ruhe. Ja, sogar leicht

in seiner Brust.
Sind die Kellerkinder raus aus ihm?
Schlafen die Kellerkinder in ihm?
Peter weiß es nicht. Er fühlt sich einfach gut und frei.

Peter beginnt sein Vorhaben umzusetzen. Sein Haus bietet er bei Immobilienportalen an. Auch seine Möbel will er verkaufen. Seine Anzüge und Designerhemden braucht er ja auch nicht mehr in dem einfachen Leben in seiner Hütte in Thailand.
Langeweile. Aus Langeweile stöbert Peter mal wieder in Datingportalen. Einfach nur so. Kein Gedanke, sein schäbiges Leben mit dem Escortservice wieder aufblühen zu lassen. Frauen interessieren ihn nicht. Er stöbert.
Da ist eine!
Ihr Bild hält ihn gefangen. Er weiß nicht wieso. Er stöbert weiter und nach einer Zeit schaltet er den Computer aus. Tage beschäftigt ihn diese eine Frau. Wieso hält sie Peter

gefangen? Dieses eine Foto. Er öffnet wieder das Portal und überlegt lange, ob er dieser Frau schreiben soll. Sie, Mitte 30, Peter mittlerweile Mitte 60, aber immer noch athletisch und gut aussehend, gepflegt und sein graues Haar kurz zum Seitenscheitel gekämmt. Er nimmt allen Mut zusammen und schreibt ihr. Sie antwortet auch zeitnah. Mit dieser Frau schreibt er länger als mit den jungen Studentinnen aus der Vergangenheit. Nun verabredet er sich mit ihr, mit der Managerin eines namhaften Hotels. Aufgeregt trägt er wieder seine Businesskleidung.

Da steht sie. Michelle. Ihr schwarzes Etuikleid betont ihre schlanke Figur. Das schwarze lange Haar zum Zopf gebunden. Der rote Lippenstift betont ihre weiß leuchtenden Zähne.

Peter zittert. Gewitter im Kopf und Körper. Er wird nicht Herr seiner selbst. Das Etuikleid ist es! Das gleiche Kleid, das seine Claudia trug, als er sie ihm Flur an ihren langen schwarzen Haaren, zum Zopf

gebunden, gegen die Wand schlug, den Flur entlang prügelte und sie anschließend vergewaltigte. Soweit er das konnte mit seinem großen Schwanz, der nur schwer hart wurde.
Sein Atem schnell, sein Körper starr.
„Komm jetzt, Peter. Steh nicht da wie angewurzelt." Michelle nimmt ihn an der Hand und sie gehen in das Nobelrestaurant. Michelle ist von Peter angetan. Von seiner Intelligenz, Bescheidenheit und den guten Gesprächen, die sie mit Peter führen kann. Nur der Altersunterschied? Fast 30 Jahre. Michelle in den besten Jahren. Und Peter?
Peter ist weiter in Kontakt mit Michelle nach diesem schönen Abend.
Was interessiert ihn an Michelle?
Michelle hält Distanz zu ihm wegen des Altersunterschiedes. In großen Abständen verbringen sie Zeit miteinander. Peter beginnt, Michelle zu beschenken. In einem Designergeschäft kauft er ihr immer die neuste Mode – klassisch, elegant. Warum macht er

das? Er weiß es selbst nicht. Was bindet ihn an diese Frau? Michelle trägt die Kleider, wenn sie sich mit Peter trifft. Es ist nicht ihr Kleidungsstil, sie liebt eher den sportlichen Look. Sie will Peter nicht kränken. Aus dem Grund trägt sie seine Geschenke.
Und so nähern sie sich immer mehr an. Nur Sex haben sie noch keinen. Michelle zögert damit und ist zurückhaltend, erst mal.
„Ich koche morgen. Kommst du zu mir nach Hause? Ich möchte dich auch jemandem vorstellen.“ Michelle nickt. Peter ruft seinen einzigen Freund an. „Reiner, kommst du morgen zum Essen? Ich möchte dir jemanden vorstellen.“ Reiner sagt zu.
Am Abend. Michelle ist schon da. Sie trägt wieder das schwarze Kleid, ihr Haar zum Zopf gebunden und ihre Lippen mit dem roten Lippenstift geschminkt. Es klingelt. Freudig öffnet Peter die Tür. Reiner, mit einer Flasche Wein in der Hand, betritt den Raum. Lächelnd schaut Michelle ihm entgegen. Ein lauter Knall! Reiner fällt die

Rotweinflasche aus der Hand, die Augen weit aufgerissen, sein Gesicht blass. Er bekommt keinen Ton heraus. Michelle: „Nicht schlimm. Ich wische den Boden sauber.“
Reiner, immer noch sprachlos und starr.
Was ist geschehen? Er schnappt nach Luft. Reiner, bewegungslos und handlungsunfähig. Minuten vergehen.
Jetzt geht er zu Peter in die Küche. „Peter, was und wer ist das?“ Peter erzählt kurz.
„Peter, sie sieht aus wie Claudia! Sie trägt sogar den roten Lippenstift!“ Reiner boxt Peter auf die Brust. „Bist du von Sinnen?!“
Reiner und Michelle plaudern amüsiert. Peter beobachtet. Sieht sie wirklich aus wie seine Claudia? Die Bilder seiner Claudia werden immer blasser in seiner Erinnerung. Kauft er Michelle aus diesem Grund die eleganten Kleider in dem Stil, wie seine Claudia sie immer trug? Er weiß es nicht. Der Peter.
Reiner wird müde und möchte sich verabschieden. Michelle ist dies ganz recht. Es

waren gute Gespräche, aber doch Gespräche mit zwei älteren Herren. Nicht wirklich kribbelnd für diese taffe junge Michelle. Peter weiß, heute muss er handeln. Er geht kurz in sein Badezimmer und nimmt seine blaue Pille.
Michelle bei der Hand führt er sie ins Schlafzimmer. Peter hat schon lange keine Frau mehr gefickt. Michelle geht bereitwillig mit.
Mal schauen, was so ein älterer Herr noch bieten kann, so ihr Gedanke. Michelle ist überrascht, als Peter die Hose herunter lässt. Ein großer, dicker, strammer Penis streckt sich ihr entgegen. Das hat sie nicht erwartet. Zügig öffnet sie ihre Schenkel. Ihre Vagina wurde schon feucht beim Anblick diesen steifen Penis. Sie zieht Peter heran und will sofort gefickt werden. Michelle ist eine selbstbestimmte Frau, die fest mit beiden Füßen im Leben steht. Und so ist sie auch beim Ficken. Klar und punktgenau formuliert sie, was ihr guttut, nur sich selbst

sehend. Es interessiert sie nicht, was Peter sich wünscht beim Sex. Also fickt Peter sie so, wie sie sich wohlfühlt. Nein, er fickt sie nicht, er bedient sie. Mehr ist es für Peter nicht. Wie er mit einer Frau umzugehen hat, lernte er ja bei seinen jungen Studentinnen. Und so ist ihm das Verhalten jetzt nicht fremd.

Warum? Warum macht er das mit Michelle? Zum Escortservice möchte er sie nicht führen.

Also, warum lässt er sie in sein Haus, das so eingerichtet ist, als würde es seiner Claudia gefallen?

Peter fickt Michelle in alle Löcher, so wie es ihr gefällt. Dank des Potenzmittels bleibt sein Penis ja hart.

Was fühlt Peter? Was fühlt er bei der nassen Vagina und dem Körper von Michelle?

Ist er verliebt? Oder liebt er sie sogar?

Er liebt und liebte nur die Eine und Einzige – seine Claudia.

Nichts fühlt Peter. Rein gar nichts. Der Fick

ist vorbei. Michelle reibt sich mit dem Bettlaken das Sperma von Peter aus dem Schritt und zieht ihr schwarzes Kleid wieder an. „So, Peter, ich fahre jetzt.“ Es ist mitten in der Nacht. Peter zieht nur seine Boxershorts an und begleitet Michelle zur Tür. Michelle klopft Peter kameradschaftlich auf die Schulter. „Gut gefickt! Besser als die jungen Kerle. Hatte ich von dir in deinem Alter nicht erwartet. Ich melde mich, wenn ich wieder gefickt werden möchte.“ Michelle lächelt zynisch dabei.

Bei Peter steigt der Puls, weiß sein Gesicht und kalt sein Blick. Da ist es wieder. Das Gewitter in Kopf und Körper. Er ballt seine Faust.

In diesem Moment zieht Michelle die Haustür hinter sich zu und hat den Wandel von Peter nicht bemerkt.

Wochenlang hört er nichts von Michelle. Peter trifft sich wieder mit seinen Escortmädchen. Nur zum Essen und zum Reden, sonst nichts. Was ist an Michelle anders als

bei ihnen, den jungen Studentinnen? Peter findet für sich keine Antwort.
Jetzt meldet sich Michelle. „Ich komme heute Abend zu dir!“, sagt sie bestimmend am Telefon. Peter ist widerstandslos. Elegant, eines der Kleider, die Peter ihr geschenkt hat, kommt sie vorbei. Sie plaudern über dies und das. Michelle kommt schnell auf den Punkt. „Der Fick von dir hat mir gut getan. Lass es uns wieder tun.“ Peter nickt. Doch er muss Zeit rausschinden, bis die blaue Pille wirkt. Darin ist er ja sehr geschickt. Michelle greift Peter schon in der Wohnstube in die Hose und bläst ihm einen. Zier kennt Michelle nicht. Peter erkennt die Erfahrenheit von ihr und dass sie schon für so manchen Mann die Schenkel gespreizt hat. Noch in der Stube will sie von Peter auf dem Tisch gefickt werden.
Peter hat keine Mühe mit ihr. Feucht ist ihre Vagina von selbst. Ihr Saft läuft ihr die Schenkel herunter. Jetzt dreht sie sich um und will anal gefickt werden. Auch das

macht Peter. Er bedient Michelle, so wie sie es möchte.

Nur, was ist es für ihn? Nichts! Einfach nichts!

Peter ist ein guter Schauspieler geworden und so merkt Michelle nicht, dass sie nur bedient wird.

Fertig! Ohne große Worte zieht Michelle ihr Kleid wieder an.“ Kommst du noch mit zur Tür, Peter?“

Er nickt. Kalt und distanziert klopft Michelle ihm wieder kameradschaftlich auf die Schulter.“ Gut gemacht, alter Junge!“ Und zieht die Tür hinter sich zu.

Was soll das Verhalten von Michelle?

Peter schreibt ihr und fragt nach. Tage später die Nachricht und Antwort von Michelle.

„Peter, du bist ein gutaussehender, interessanter Mann. Freundlich, höflich und vor allem intelligent. Das gefällt mir besonders gut an dir. Du hast mich auch wirklich überrascht.

Nie hätte ich geglaubt, dass ein Mann in

deinem Alter noch so gut ficken kann. Dein Schwanz ist ein Traum für jede Frau. Zum Ficken werde ich bestimmt noch öfter zu dir kommen. Ich bin jetzt schon feucht beim Schreiben, wenn ich nur daran denke, wie dein großer Schwanz in mich fickt. Aber will ich mehr von dir? Will ich mit solch einem alten Mann an der Seite eine Zeit durch das Leben gehen? Peter, ich weiß es nicht. Lass mir Zeit. Ich melde mich wieder, wenn ich Lust auf deinen Schwanz verspüre. Bis bald Michelle.“

Da ist es wieder.

Das Gewitter in Peters Kopf und Körper.

Seinen Zorn hat er nicht mehr unter Kontrolle. Er wirft den Stuhl durch die Stube und boxt gegen die Wand. Er boxt so lange in die Wand, bis seine Hand blutet.

Erst dann lässt seine Unbeherrschbarkeit nach.

Was fesselt Peter an diese Frau? Nach einem Fick mit ihr fühlt er sich schlecht und schuldig, als ob er seine Claudia betrügt,

wenn er Michelle bedient. Seine tote Claudia, die in Peters Herzen immer noch lebt. Kurz entschlossen bucht er wieder ein One way Ticket in das Land, in dem er sich zu Hause fühlt. In der kleinen Hütte bei den einfachen Menschen, die Peter mittlerweile seine Freunde nennt. Seinen Hausverkauf in Deutschland legt er erst mal auf Eis. So ganz entschlossen ist er zurzeit nicht mehr. Mit Michelle will er nichts mehr zu tun haben. Sie ist ihm zu kalt und zu egoistisch.
3 Monate in seiner kleinen Hütte. Michelle schickt ihm von Zeit zu Zeit Nachrichten. Doch Peter reagiert nicht. Sie weiß auch nichts von seiner Hütte in Thailand. Zurückgezogen und einfach lebt Peter wieder in seiner Hütte. Doch der Zorn in ihm wird wieder stärker.
Sind es wieder die Kellerkinder, die klopfen?
Er weiß nicht, woher sein unbeherrschter Zorn kommt.
Lebt der Sadismus und seine Brutalität

immer noch in seiner Brust? In der Brust, in der zwei Seelen ruhen. Er hält den Schmerz nicht mehr aus und fliegt zurück nach Deutschland. Kaum ist er zu Hause angekommen, meldet sich Michelle wieder. Was wird er tun? Peter hat Langeweile und antwortet ihr jetzt auf die Nachricht. Noch am gleichen Abend kommt Michelle in Peters Haus, wie immer elegant gekleidet. Kaum durch die Tür zieht sie Peter am Hosenbund zu sich und spreizt die Beine. Vorsichtshalber hat Peter die blaue Pille eingenommen und so merkt Michelle nichts von seiner sexuellen Schwäche.

„Ich habe mich von ein paar jungen Kerlen ficken lassen, aber keiner war wie du", so Michelle.

Peters Zorn wächst.

Heute fickt er sie so fest und rücksichtslos, dass er dabei seinen Zorn kanalisiert.

Fick vorbei – Michelle geht!

Reiner besucht Peter und möchte wissen,

wie es ihm geht. Sie trinken Rotwein und plaudern, die Herren, die mit den Jahren älter geworden sind.
Reiner: „Ich habe etwas gefunden. Ich weiß nicht, ob es dir guttut?“
Er greift in seine schwarze Jacke, die über dem roten Stuhl hängt, und nimmt ein Bild hervor. Vorsichtig legt er es, zugedeckt, auf den weißen Tisch und schiebt es zu Peter.
„Was ist das?“ Und Peter greift danach und dreht es um. Ein Schweigen zwischen den Männern. Ein unerträgliches Schweigen. Peter laufen das erste Mal Tränen über die Wangen.
Ein Foto von seiner jungen, hübschen Claudia, lächelnd mit dem roten Lippenstift. Peters Hände zittern.
„Warum nur habe ich sie getötet, meine einzige Frau?“ Peter senkt den Kopf. Leise und langsam beginnt er zu erzählen, seinem einzigen Freund. Er erzählt die ganze Nacht hindurch. Alles, aber auch alles erzählt Peter. Viele Jahrzehnte geschwiegen.

Jetzt bricht es aus Peter heraus.
Jede Misshandlung, jede sexuelle Gewalt, jeder kranke Fick, alles erzählt er. Nur eines nicht – seine sexuelle Schwäche. Das bleibt das Geheimnis von ihm und seiner Claudia.
Reiner hört zu. Einfach nur zuhören.
Es ist schon Morgenstunde, bis Peter den letzten Satz gesprochen hat.
Jetzt redet Reiner: „Peter, schau dir das Foto genau an. Was fällt dir auf? „
Das Bild ist vergilbt und die Farben schwach. Älter als 30 Jahre ist dieses eine Foto.
Peter schüttelt den Kopf und zuckt mit den Achseln.
Reiner: „Sie sieht aus wie Michelle. Sogar der rote Lippenstift.“ Peter fällt das Bild aus der Hand.
Ist es das, warum er sich immer wieder auf diese eiskalte Frau einlässt?

Peter verkauft jetzt endlich sein Haus und bricht alle Zelte in Deutschland ab. Nur den

Kontakt zu seinem einzigen Freund Reiner lebt er weiter. Er besucht auch Peter in seiner kleinen einfachen Hütte im Landesinneren von Thailand. Vier Wochen verbringen die beiden Männer miteinander. Irgendwie beneidet Reiner ihn sogar, dass Peter den Mut fand zu diesem einfachen Leben. Reiner und Peter beschließen einen Deal. Einmal im Jahr vier Wochen gemeinsam in dieser einfachen Hütte. Komme, was wolle. Und so freuen sich beide beim Abschied auf das nächste Mal.

Manchmal sind die Stunden in der Hütte schon sehr einsam und so beschließt Peter, sich eine einfache Landesfrau zu nehmen. Eine Frau, Anfang 40. Er braucht keine Frau mehr mit großem Intellekt, auch keine die ihm putzt. Nein, nur ein Mensch, der da ist. Peter ist gut zu der Frau und sie ist auch gerne bei ihm. Klein und zierlich ihre Erscheinung und vor allem ein liebevolles Lächeln. Diese Frauen sind zurückhaltend, dankbar und demütig. Auch stellt sie keine

Ansprüche an Peter.
Sie ist einfach nur da wie ein Sonnenschein in der Hütte. Bei ihr braucht Peter auch keine blauen Pillen. Sie fordert nicht.
Ab und an wird sein schöner großer Schwanz nachts hart, dann streift er ihr das Hemdchen hoch, spreizt ihr die Schenkel und haut seinen großen Schwanz in die zierliche Frau. Ein paar Stöße und er spritzt. Steigt von ihr ab, schiebt sie zur Seite und schläft. Diese demütige Frau lässt es über sich ergehen und schweigt. Irgendwie erregt es Peter, diese schweigende Demut. Immer öfters wird sein dicker Schwanz hart. Er spreizt ihr die Schenkel, haut diesen Schwanz in sie hinein, ein paar Stöße und er spritzt. Sie ist klein und hat gerade mal ein Becken wie ein junges Mädchen. Und dann dieser große Schwanz in ihr. Doch sie klagt nicht, zeigt auch keinen Schmerz. Sie lässt Peter einfach drüberrutschen, bis er fertig ist. Und das geht ja schnell bei ihm. Fühlen tut Peter nichts dabei. Es wird einfach nur

abgeladen.
Findet Peter hier seinen inneren Frieden?

Nein. Sein Zorn wird wieder größer. Er hat sich kaum noch im Griff. Dieses Gewitter in seinem Kopf und Körper. Peter treibt viel Sport und schwimmt oft Stunden im Ozean. Und doch steigt er immer wieder hoch. Dieser Zorn. Ohne jeden Anlass.
Heute will er mit der zierlichen Frau ein Experiment machen. Er schluckt die blaue Pille, ohne, dass sie es merkt – die Frau mit dem schmalen Becken. Mit einer Härte fickt er sie, ohne Rücksicht, in alle Löcher. Der große Mann rutscht über die kleine zierliche Frau mit dem schmalen Becken. Er fickt sie auch anal. Er zerreißt ihr den After mit seinem dicken Schwanz. Sie blutet. Doch er fickt einfach weiter. Jetzt packt er sie an den Haaren und zwingt sie in die Knie, schiebt ihr den Kopf zurück und schiebt ihr seinen harten Schwanz in den kleinen Mund. Demütig dient sie ihm.

Er spritzt ihr in den Mund und fertig!
Er schiebt sie weg.

Am nächsten Morgen ist er freundlich und höflich wie immer zu ihr. Sie lächelt demütig. Der Zorn in Peters Brust ruht für ein paar Tage.
Hat er über diesen brutalen Fick ihn zügeln können?
In den kommenden Tagen rutscht er einfach nur über sie. Ein paar Stöße und spritzen. Wie immer.
Ab und an meldet sich Michelle. Sie weiß nicht, wo Peter jetzt lebt und soll es auch nicht wissen. Aber immer, wenn sie sich meldet, ist er wieder da – dieser große Zorn.

Er wirft sich die blaue Pille ein und fickt mit aller Wucht diese zierliche demütige Frau. Nein, es ist kein Ficken, er vergewaltigt sie jedes Mal. Sie hält still und hofft, dass es bald vorbei ist.
Das Jahr vergeht. Reiner kommt wieder für

vier Wochen zu Besuch, so wie der Deal ist. Peter fährt zum Flughafen und freut sich, ihn zu sehen.

Vier Wochen mit seinem einzigen Freund. In dieser Zeit muss Peters Frau zurück zu ihrer Familie. Peter ist sehr großzügig und gibt ihr viel Geld mit, damit sie und ihre Familie sich ein schönes Leben machen können. Reiner soll nichts von dieser Frau wissen.

Peter und Reiner haben sich nicht mehr viel zu erzählen. Sie leben in verschiedenen Welten. Und doch genießen sie die Zeit miteinander.

Reiner hat auch irgendwie vergessen, dass sein Freund ein Frauenschläger ist und vor allem ein Mörder.

Alles liegt so weit zurück.

Die gemeinsamen Wochen gehen wie im Flug vorbei. Peter umarmt seinen besten Freund am Flughafen. Ein Schulterklopfen noch: "Bis nächstes Jahr, mein alter Freund", so Peter.

Noch einmal umdrehen und Reiner ist nicht mehr zu sehen.
Er, der Mann, der alle Geheimnisse von Peter kennt.
Nur das eine nicht!
Die zierliche Thailänderin kommt zurück in Peters Hütte. Sein Zorn in seiner Brust ruht.
Es ist bald Weihnachten. Peters Telefon klingelt.
Ein Anruf aus Deutschland.
Reiner ist tot. Herzinfarkt.
Sein einziger Freund ist tot – sein Reiner.
War Reiner das Band, an dem Peter sich festhalten konnte?
Jetzt ist es durchtrennt. Für immer und ewig.
Verroht Peter innerlich jetzt noch mehr?
Hat er irgendwo noch Halt? Der liebevolle, ehrliche, charakterstarke, zielstrebige Peter von einst.
Die andere Seele in ihm: Frauenschläger, Frauenhasser, Vergewaltiger und sogar der Mörder?

Werden diese zwei Seelen sich je vereinen?
Peter findet keinen inneren Frieden.

Das Kloster

An der Strandbar sitzt Pater Ralf. Schwarze Sutane bei dieser Hitze. Nur ein Prozent Christen leben in Thailand. Und so ist es recht selten, einen Pater zu treffen. Peter versucht, mit ihm ins Gespräch zu kommen, was ihm auch schnell gelingt. Pater Ralf ist Deutscher. Sie reden über dies und das, vor allem über das Land, in dem sie leben. Das Gespräch vertieft sich immer mehr auch in andere Themen. Peter verfügt über ein facettenreiches Wissen und Pater Ralf ist auch sehr gebildet und weltoffen. Die beiden merken im Gespräch nicht, wie die Zeit vergeht.

„Peter, komm uns doch besuchen in unserem kleinen Kloster. Du bist herzlich willkommen“, so Pater Ralf. Beim Abschied drückt er ihm einen Zettel in die Hand mit einer Telefonnummer.

Das Gespräch wirkt bei Peter noch lange nach. Den kleinen Zettel legt er neben seinen Laptop. In den kommenden Tagen denkt Peter immer wieder an die Unterhaltung mit Pater Ralf. War es die Güte in Pater Ralfs Stimme? Er weiß es nicht.

Peter macht sich auf den Weg und fährt in dieses kleine Kloster. Pater Ralf lächelt Peter entgegen und empfängt ihn herzlich: „Ich freue mich, dich wiederzusehen. Komm, ich stelle dich meinen Brüdern vor", und Pater Ralf zeigt ihm den Weg. Nur sechs Pater in diesem kleinen Kloster. Sie trinken Tee miteinander und plaudern über dies und das. Anschließend führt der Pater ihn durch das Kloster und zeigt ihm auch den schönen Garten, in dem Kräuter und Gemüse angepflanzt sind. Peter fühlt sich seit langer Zeit wieder wohl.

„Du darfst gerne wieder kommen, wann immer du möchtest", sind die Abschiedsworte von Pater Ralf. Peter verspürt eine innere Ruhe.

In dieser Nacht schläft er so gut wie schon lange nicht mehr.

Peter fühlt sich immer mehr zu dem Kloster hingezogen, und so bringt es die Zeit mit sich, dass er fast täglich dort ist. Keiner fragt, wo Peter herkommt. Er ist einfach nur herzlich willkommen. Sie versuchen auch nicht, Peter zum Gottesglauben zu bekehren. Sie leben ihn einfach nur vor. Peter beobachtet.

Er beobachtet, wie freundlich und zufrieden die Patres mit sich selbst sind in diesem einfachen Leben.

Ist es ihr Glauben an Gott, der sie so zufrieden erscheinen lässt? Er weiß es nicht.

Peter macht sich auch nützlich im Kloster. Die Wände in den einfachen Schlafstuben müssen neu gekalkt werden. Peter hatte noch nie Werkzeug in der Hand. Pater Ralf zeigt ihm, wie es geht und Peter macht es dann einfach. Beim Weißeln der Wände steigen in Peter Erinnerungen hoch. Ganz alte Erinnerungen. Er sieht sich und den gütigen Vater von Claudia im Keller des kleinen Hauses mit dem großen Garten. Voller

Stolz zeigte er dem jungen Peter sein neues Werkzeug. Peter spürt Traurigkeit in sich, auch laufen ihm Tränen über die Wangen, dem heute alten Peter.
Am Abend sitzt Peter mit seiner demütigen Thailänderin vor seiner einfachen Hütte und erzählt ihr voller Freude und Lebendigkeit von seinem Tun im Kloster. Geduldig hört sie zu und lächelt.

Nur noch ganz selten schiebt Peter ihr nachts ihr Hemdchen hoch, besteigt sie, spreizt ihr die Schenkel und schiebt ihr den großen Schwanz in die oft trockene Vagina. Wie immer – ein paar Stöße, spritzen und absteigen.
Wo ist sein Zorn?
Wo sind seine Kellerkinder?
Verschwunden oder ruhen sie?
Die Patres leben in Thailand, aber mit der Küche können sie sich nicht arrangieren. Und so wird deutsch gekocht. Zum größten Teil sind die Patres Selbstversorger. Heute,

am Sonntag, gibt es sogar Rinderbraten mit dunkler Soße, Rotkohl und Knödel. Voller Genuss sitzen alle an einem Tisch. Erst das Gebet vor jeder Mahlzeit, aber dann wird tüchtig gegessen. Wie bei Claudias Mama in der guten Stube. Peter wird traurig, senkt den Kopf und ballt unter dem Tisch seine Faust. Keiner fragt.

Je länger Peter im Kloster verweilt, umso öfters stellt er sich die Frage: „Gibt es doch einen Gott? Aber wo war dieser Gott, als Mama mich vergewaltigte und Papa mich auspeitschte? Mich, der kleine Peter.

Warum hat er meinen Zorn nicht gezügelt, wenn ich Claudia misshandelte?

Warum hat dieser Gott mich nicht gezügelt, als ich meiner Claudia das Genick gebrochen habe?

Wo war er dieser Gott?“

Pater Ralf und Peter pflanzen neue Kräuter in den schönen Garten am Kloster.

Arbeite und schweige. Das ist eine der Regeln im Kloster. In gebeugter Haltung

pflanzt Peter den Rosmarin.
Die Worte brechen aus ihm heraus.
„Pater Ralf, ich bin ein Mörder!“ Er drückt seine Hand auf Peters Rücken mit den Worten: “Leg eine Decke auf deine Vergangenheit.“ Für Peter ist dieser Satz wie eine Befreiung.
Eine Befreiung seiner Schuld, die er viele Jahre in sich trägt. Zwischen den beiden wird nie mehr ein Wort über dieses kurze Gespräch geredet.
Gibt es vielleicht doch einen Gott?
Einen Gott, der Peter in dieses Kloster führte, um seinen Seelenfrieden zu finden?
Peter weiß es nicht.

Michelle

Peter liest nur selten seine Mails. Ist meist eh nur Werbung. Wer soll ihm noch schreiben? Seine Aktien kontrolliert er täglich. Hier in Thailand weiß niemand, dass Peter Millionen besitzt. Und das ist auch gut so. Der einfache Mann in der einfachen Hütte – der Peter.

Zwischen den ganzen Werbemails ist eine! Eine Mail von Michelle, die er schon fast vergessen hat.

Diese eiskalte, egoistische Frau mit dem roten Lippenstift.

„Peter, wo bist du? Ich suche dich überall“, so ihre Zeilen. Diese Mail beschäftigt Peter tagelang.

Ist er wieder gefangen von dieser Person? Jetzt antwortet er ihr und erzählt ihr, wo und wie er lebt. Sie schreiben sich fast täglich.

„Peter, darf ich ein paar Tage zu dir kommen? Mir geht es schlecht und ich vermisse dich. Die guten Gespräche und dein

Ficken", so ihre Mail.
Peter antwortet erst mal nicht. Der Hotelmanagerin geht es schlecht? Die Frau, die sich nur selbst sieht? Was soll er tun?
„Ja, du darfst ein paar Tage kommen. Aber auch nur ein paar Tage", so seine Antwort.
Auf was lässt er sich da wieder ein?
Seine thailändische Frau schickt er in dieser Zeit wieder zu ihrer Familie. Natürlich großzügig entlohnt.
„Pater Ralf, ich komme einige Tage nicht. Bekomme Besuch aus Deutschland", so meldet Peter sich im Kloster ab. Pater Ralf schaut ihm tief in die Augen und legt seine Hand auf Peters Schulter mit den Worten: „Gib gut auf dich acht."

Da kommt sie.
Heute nicht im eleganten Kleid, das Peter ihr geschenkt hat. Heute in kurzer Hose und Shirt. Ganz sportlich in Weiß, ihr langes schwarzes Haar zum Zopf gebunden, die Lippen rot geschminkt – die Michelle.

Peter geht auf sie zu und nimmt ihren Koffer. Michelle ist blass. Sie wirkt traurig und leblos.
Auf dem Fahrweg zur kleinen Hütte reden sie kaum ein Wort. Die ersten drei Tage schläft Michelle nur. Sie schläft fast Tag und Nacht. Peter bringt ihr zwischendurch was zu essen ans Bett. Michelle wirkt, als müsse sie sich von einem ganzen Leben ausschlafen. Vorsichtshalber hat Peter sich wieder Potenzmittel besorgt. Bei dieser Frau weiß man ja nie.
So langsam beginnt Michelle zu erzählen. „Ich kann meine Arbeit nicht mehr machen. Privat bekomme ich auch nichts mehr geregelt. Ich bin nur noch müde und erschöpft. Dem Druck des Berufes bin ich nicht mehr gewachsen."
Ihre Kleider hängt sie ganz vertraut in Peters Schrank. Nur ihr Kosmetikkoffer bleibt geschlossen. Nach Tagen des Ausschlafens verbringt Peter Zeit mit ihr.
Was weiß er von dieser Frau? So gut wie

nichts.
Was sie arbeitet, wie sie wohnt und was sie gerne isst. Sonst nichts. Peter möchte auch nicht mehr wissen. Eigentlich interessiert ihn diese Person nicht. Und doch ist er von ihr gefangen.
Peter zeigt ihr Land und Leute. Heute Abend gehen sie sogar zum Tanzen.
Sie tanzen und haben Spaß miteinander. Michelle schmiegt sich an Peter. Einmal greift sie ihm in den Schritt an seinen großen, dicken Schwanz.
Zuhause angekommen berührt sie Peters Körper immer wieder. Peter ahnt Übles und nimmt heimlich die blaue Pille. Michelle zieht Peter am Hosenbund bei und schiebt ihr kurzes rotes Sommerkleid hoch und setzt sich mit gespreizten Beinen auf den einfachen Holztisch. "Fick mich! Keiner fickt so gut wie du", so Michelle mit fester Stimme. Und schon dringt Peter mit seinem harten Schwanz in die feuchte Vagina von Michelle. Vorspiele langweilen Michelle.

Sie will, dass ein Mann direkt zur Sache kommt. Er bedient sie so, wie sie es möchte. Ein Bedienen ist es für Peter, mehr nicht.
So werden aus Tagen Wochen. Seit Michelle in der kleinen Hütte wohnt, war Peter nicht mehr im Kloster. Irgendwie vermisst er Pater Ralf und das Leben dort. Doch Michelle macht keine Anzeichen, wieder nach Deutschland zu fliegen. Peter wird es auch körperlich zu viel mit Michelle. Fast jeden zweiten Tag will sie von Peter gefickt werden. Und jedes Mal nimmt er die blaue Pille. Will Peter das?
„Michelle, ich habe für zwei Wochen eine kleine Yacht gemietet. Ich möchte dir noch eine besonders schöne Zeit bieten. Aber dann wünsche ich, dass du wieder nach Deutschland fliegst“, so Peter. Sie lächelt und nickt. Ihr Lächeln ist nie echt. Sie wirkt immer kalt.
Peter möchte wieder täglich ins Kloster zu Pater Ralf. Auch vermisst er seine kleine. demütige Thailänderin, die keinerlei

Forderungen an Peter stellt. Sie ist einfach nur da.
Michelle und Peter packen ein paar Sachen zusammen für die Zeit auf der Yacht. Michelle nimmt den kleinen Kosmetikkoffer aus dem Regal. Ihr ist es wichtig, diesen Koffer mitzunehmen.
Der Koffer, der wochenlang unberührt im Regal stand.
Sorgfältig wie Peter ist, durchdenkt er alles, was benötigt wird für zwei Wochen auf hoher See.
Morgen früh wird gestartet. Peter ist sehr routiniert mit der Yacht.
Hat es ja schon öfters gemacht. Also, für ihn nichts Neues. Michelle fühlt sich sicher bei Peter.
Auf hoher See lässt er die Yacht ruhen. Diese Zeit nutzt Peter, seine persönlichen Sachen auszupacken. Disziplin und Ordnung hat Peter beibehalten. Die Kleidung ordentlich in den kleinen Schrank geräumt, den Kulturbeutel in die Nasszelle der Yacht

gestellt.

Peters Hände zittern. Sein Körper vibriert. Gewitter im Kopf.

Was ist los mit ihm?

Auf hoher See bemerkt der sonst so organisierte Peter, dass er vergessen hat, seine blauen Pillen einzupacken.

Wie soll das weitergehen? Zwei Wochen auf hoher See mit dieser immer geilen Frau?

Sie darf nichts bemerken. Nichts von Peters sexueller Schwäche.

Was nun? Er weiß keine Antwort. Kein Land in Sicht.

Dass Michelle einen Plan hat für diese zwei Wochen, weiß Peter nicht.

Sie will ihn in eine Welt führen, die Peter noch nicht kennt.

Peter, der alte Mann.

Was ist mit diesem kleinen Kosmetikkoffer?

Drei Tage kann Peter ihr irgendwie ausweichen auf dieser kleinen Yacht. Er gibt vor, an einer Magen-Darmgrippe erkrankt zu sein. Da kommen aber noch weitere elf

Tage. Was soll er tun?
Michelle bemüht sich in keiner Form, ihre schlechte Laune zu unterdrücken wegen Peters körperlicher Schwäche. Heute nimmt sie den kleinen Kosmetikkoffer aus dem Regal und stellt ihn neben das Bett.
Fast Mitternacht.
Sternenhimmel, die hohen Wellen des Ozeans peitschen an die Yacht. Peter und Michelle stehen an der Reling. Mit seinen Gedanken und dem Blick aufs Meer, bei seiner Claudia. Wie es wohl wäre, wenn seine Claudia hier wäre?
Er legt den Arm um Michelles Schultern. Sie greift ihm in die Hose und reibt seinen Schwanz. Heute will sie es tun. Bis jetzt hat sie ihre wahren Gelüste zurückgehalten, der Trieb, der sie wirklich befriedigt. Sie reibt und reibt. Der Schwanz wird nicht hart. Peters Körper vibriert.
Was soll er tun? Kein Potenzmittel!
Michelle gibt nicht auf. Sie kniet sich vor ihn und bläst ihm einen in der Hoffnung, der

Schwanz wird hart. Sie ist fest entschlossen, ihr Vorhaben heute zu erfüllen. Sie will Peter heute in die Welt einführen, die sie sexuell befriedigt.
In die Welt des Sadomaso.
Nichts passiert mit Peters Schwanz.
Jetzt schubst sie ihn zurück mit den Worten: „Doch ein alter Mann, du Schlappschwanz!“
Da ist er wieder, dieser Zorn. Peters ungezügelter Zorn.
Er ballt die Faust und schlägt ihr mit voller Wucht ins Gesicht. Peter holt ein zweites Mal aus. Jetzt besteht die Gefahr, dass er Michelle totprügelt.
Den zweiten Schlag fängt Michelle ab, dreht ihm den Arm auf den Rücken und drückt Peters Oberkörper an die Reling. Dass die Frau, die seinen Schwanz gerieben hat, Kampfsport beherrscht, damit hat Peter nicht gerechnet.
Mit Schwung tritt Michelle Peters Beine weg, sodass er das Gleichgewicht verliert

und über die Reling stürzt.
Peters Körper treibt regungslos in den Wellen davon.
Michelle, die eiskalte Frau, schaut ihm nach.
Peters bewegungslosem Körper.
Sie schaut ihm so lange nach, bis Peter als Punkt am Horizont verschwindet.

Hat Peter jetzt seinen Frieden gefunden?
Seinen inneren Frieden?
Der Peter!

Hilfe finden

Wenn du dich in nur einer Szene in meinem Buch gefunden hast:
STEH AUF!

Wenn du Gewalt in deinem Umfeld vermutest:
VERSCHENKE WORTLOS MEIN BUCH!

Frage nicht: „WARUM IST ER SO?"
Frage dich: „WARUM LASSE ICH ES ZU?"
Hole dir professionelle Hilfe!

Ohne Hilfe wirst du die Selbstrettung nicht erreichen und verfällst immer wieder, unbewusst, in alte Verhaltensmuster.

Nimm dir Hilfe!

Hier findest Du Hilfe:

https://www.hilfetelefon.de/

https://autonome-frauenhaeuser-zif. de/die-zif/

https://de. wikipedia. org/wiki/Gewalt-schutzgesetz

Und auf jeder Polizeidienststelle wird man ein offenes Ohr für Dich haben.

Deine

Nicole Lang

Kontakt zur Autorin:

nicolelang2304@gmail.com

Über die Autorin

Nicole Lang lebt bodenständig in einem kleinen Dorf im Saarland. Sie liebt das Leben und die Menschen.
Eine facettenreiche berufliche Laufbahn. Heute Geschäftsführerin einer Unternehmensgruppe. Ihr besonderes Steckenpferd ist ihre Privatpraxis als psychotherapeutische Beraterin.
Ihre Liebe gilt ihren Büchern, in denen sie das Leben und die Liebe in Worte fasst.

Mehr zum Lesen von Nicole Lang bei DeBehr

Mein Papa zieht den Lederriemen aus seiner Hose. Er schlägt auf mich ein, immer weiter, auf jede Körperstelle, die er treffen kann. Ich höre nur das Peitschen des Riemens. Meine Mutter sitzt auf ihrem Stuhl, schaut zu und feuert ihn hysterisch an. Ja, sie schaut zu, wie ihr eigenes Kind schwer misshandelt wird. Bis das Blut fließt… Von frühester Kindheit an erlebt die kleine Nicole Brutalität. Ihre Mutter beteiligt sich an den Misshandlungen des gewalttätigen Vaters. Erst als es älter wird, ist das Mädchen stark genug, sich selbst zu retten. Die wahre Geschichte eines geschundenen Kindes, welches der Spirale der Gewalt entfloh. Die Autorin Nicole Lang arbeitet heute unter anderem als psychologische Beraterin in eigener Praxis. Sie hilft anderen, ihren Weg zu finden.

Paperback mit 166 Seiten, Preis: 11.95 €,
ISBN: 9783987270604

Erscheint in 2024:

Schöner Frauenschläger

Roman nach wahren Begebenheiten.